창업은 게임이다

창업은 **게임**이다 성공하는 창업, 게임의 법칙 속에 답이 있다!

발행일	2016년 5월 20일		
지은이	박 상 욱		
펴낸이	손 형 국		
펴낸곳	(주)북랩		
편집인	선일영	편집	김향인, 서대종, 권유선, 김예지, 김송이
디자인	이현수, 신혜림, 윤미리내, 임혜수	제작	박기성, 황동현, 구성우
마케팅	김회란, 박진관, 김아름		
출판등록	2004. 12. 1(제2012-000051호)		
주소	서울시 금천구 가산디지털 1로 168, 우림라이온스밸리 B동 B113, 114호		
홈페이지	www.book.co.kr		
전화번호	(02)2026-5777	팩스	(02)2026-5747
ISBN	979-11-5987-020-0 03320(종이책)		979-11-5987-021-7 05320(전자책)

이 도서의 국립중앙도서관 출판예정도서목록(CIP)은 서지정보유통지원시스템 홈페이지(http://seoji.nl.go.kr)와
국가자료공동목록시스템(http://www.nl.go.kr/kolisnet)에서 이용하실 수 있습니다.
(CIP제어번호 : CIP2016011829)

성공한 사람들은 예외없이 기개가 남다르다고 합니다.
어려움에도 꺾이지 않았던 당신의 의기를 책에 담아보지 않으시렵니까?
책으로 펴내고 싶은 원고를 메일(book@book.co.kr)로 보내주세요.
성공출판의 파트너 북랩이 함께하겠습니다.

성공하는 창업, 게임의 법칙 속에 답이 있다!

창업은 게임이다

박상욱 지음

창업의 신, 성공 창업에서 영업 부진 탈출까지 필승 전략 특강!

북랩 book Lab

　유통업의 가장 큰 특징이자 애로사항은 일주일에 한 번씩 쉬지
못하는 데서 오는 몸의 컨디션 관리의 어려움이 아닐까 생각한다.
그리고 쉰다는 것은 육체적으로 휴식을 갖는다는 뜻도 되지만 정
신적으로 긴장의 끈을 놓는다는 것도 포함된다고 본다. 그래서 정
기적으로 육체적 휴식을 하지를 못하게 되면 많은 사람들이 후자
의 방법 중 하나로 술을 마신다(이건 애주가들의 핑계일 거다). 그런데 이
게 어느 정도라도 '컨트롤'이 되면 좋은데 그렇지 못하는 경우가 많
다. 당연히 후유증에 시달리게 되는데 그래서 유통업에 종사하는
분들 중에 많은 분들이 목욕을 하며 컨디션을 조절하고, 업무 후
사우나에서 게임 등으로 분위기를 전환하기도 한다. 저자 역시 가
끔씩 같은 부서의 동료들과 업무 뒤 늦은 시간에 함께 사우나를
한 후 귀가 전 잠시 고스톱이나 포커 등을 함께하며 피로를 푸는
방법을 선택했었다. 그 방법은 술을 마시며 스트레스를 푸는 방법

보다 다음날 피로도가 덜해 동료들과 함께 선호했던 스트레스 해소 방법 중 하나였다.

그러다가 사업을 하면서 거래처 사장님들과의 접대 포커나 고스톱을 치는 것으로 발전하게 되었다. 그것은 아무래도 꼭 따야겠다는 생각보다는 분위기를 잡는 것이니만큼 긴장감은 떨어졌지만, 게임이 주는 짜릿함까지 없지는 않아 적당한 선에서는 즐기면서 시간을 보냈던 기억이 있다. 또한 게임을 하면서 함께하던 분들과의 교제 시간이 좋아 그 기억은 추억으로 남는 부분들도 있었다.

그러던 중 업무 성격 상 많은 상권의 점포들을 조사하였고 또한 점포들을 운영하는 소매업 사업을 하면서 창업의 각 파트별 준비, 점포 운영, 인원 관리, 광고 등 여러 부분에서 '게임의 원리'가 비슷하게 적용되고 있음을 느끼게 되었다. 그러면서 우리나라 사람이라면 대부분 포커나 고스톱 치는 방법을 모르지 않을 테니 '게임의 원리로 창업을 설명하면 이해가 빠를 수 있겠구나.'라는 생각이 들었다.

그러나 생각만 있었을 뿐 차일피일 미루다 몇 년 전부터 매스컴에서 창업의 실패로 인하여 가정이 파괴되고 심지어 본인과 가족들이 동반 자살을 하는 안타까운 사연들을 자주 접하면서 과거 필자가 현장에서 느끼면서 전하고 싶었던 창업의 가장 중요한 부분들을 책으로 기록하게 되었다.

그동안 창업에 관한 책들은 창업을 하시고자 하는 사장님들에게 충분히 차고 넘칠 정도로 많이 나왔다. 그런데 막상 그 책들을 읽어보면 뭔가 아쉽다는 느낌을 지울 수가 없었다. 그 이유는 필자의 현장 경험에 비추어 보면 어울리지 않는 내용들이 적지 않았기 때문이다. 그러나 내용들이 그렇다고 하여도 마냥 그 책들을 비난할 수는 없었다. 당연했기 때문이다. 그 정도의 글을 쓰려면 현장을 떠나 책상에 앉아 있어야 할 시간들이 많을 수밖에 없었을 것이기 때문이다. 또한 거꾸로 말하면 현장에서 많은 시간을 보내며 사업으로 성공하여 다른 이들에게 인정받을 위치에 계시는 분들이라면 그분들이 그렇게 자연스러운 문구로 책을 집필하기 결코 쉽지 않을 테니 말이다.

그런 면에서 필자가 쓴 이 글 역시 전문가들의 수준에서 보면 한참 떨어질 수 있다. 그러나 간곡히 부탁드리는 것은 글을 쓰는 테크닉이나 요령보다는 그 안에서 실제 창업을 하는 데 꼭 준비되고 실전에서 알아야 할 것들이 무엇인가에 초점을 맞추어 봐 주시길 바란다. 그 증거로 바로 다음에 나오는 책 내용의 시작이 열정, 체력 등으로 시작한다. 오랫동안 장사를 해 오신 분들이라면 그것이 얼마나 중요한지 아신다.

얼마 전 텔레비전에서 중국 음식을 맛있게 만드는 비결을 공개한 일이 있었다. 음식의 맛을 내기 위한 기본 재료를 만들기 위해 무를 잘게 채를 썰어 짜내 물기를 없앤 후 다시 불 위에다 볶는 장면이 나왔다. 무려 3시간이 넘는 준비 과정이었다. 그것도 내내 서서 하는 작업이면서 완성된 음식도 아니고 기본 재료를 만드는 데만 그만한 공이 들어간 것이다. 그 정도면 맛의 비밀을 공개해도 된다. 과연 누가 그런 일을 따라할 수 있겠는가? 그리고 자기 일을 미칠 듯이 좋아하지 않고 체력이 뒷받침돼 주지 않는다면 시킨다고 그렇게 할 수 있는 사람이 몇 명이나 되겠는가? 장사는 그렇게 하는 것이고 그런 것들을 창업하시고자 하는 분들에게 알려 주어야 하지 않겠는가. 최소한 필자는 그렇게 해야 된다고 생각한다.

창업 서적은 딱딱하고 재미가 없을 수밖에 없다. 더군다나 창업 관련 서적을 읽는다면 읽고 계시는 분들 대부분 마음이 그렇게 편안한 상태가 아닐 것이다. 그래서 게임이라는 매개체를 이용하여 필요한 내용들을 전개해 나가고자 한 것이니만큼 실전에서 꼭 필요한 계명이나 불문율이 빠져 있을 수도 있다. 그리고 게임을 하는 사람의 성격이나 자금 상태, 주변의 여건 등이 다르고 법으로 제정되어 있는 것도 아니니 이 내용은 꼭 있어야 하는데 왜 빠져 있느냐고 하시지 말아 주시길 부탁드린다. 이 책의 궁극적인 포인트는 게임을 잘 해 돈을 버는 것이 아니고 성공적인 창업에 포인트가 있으니 너그러이 이해해 주시길 간곡히 바라는 바이다.

아울러 이 책을 재미있게 읽으신 후 성공적인 창업을 이루신 사장님들이 되어 창업의 실패로 고통 받는 분들이 없으시길 기원 드린다.

목차

제7장　게임에서는 역공법이 정공법을 이길 수 있다

제8장　게임 중 열 받으면 무조건 진다. 열 받지 마라

제1장

돈을 잃지 않으려면
게임을 하지 마라

게임을 하는 사람들에게는 많은 불문율이 있다.

"열고하지 마라."

"열 잘 받는 사람 오른쪽에 앉아라."

"수비는 최선의 공격이다."

　이른바 고스톱에서의 불문율이다. 이런 것들을 열거하자면 최소 몇 십 개 이상은 나올 것이다. 그럼 그중에서 가장 우선순위로 생각해야 할 것은 무엇이 있을까? 사람마다 각자 다른 의견이 있겠으나 "돈을 잃지 않으려면 고스톱을 치지 마라."라는 계명이 '우선순위'에 있다고 생각한다.

　그렇다. 현금이 왔다 갔다 하는 게임에서 절대 지지 않는 방법은 '시작하지 않는 것'이다. 어떤 종류의 게임이든 그 원리는 마찬가지이다. 게임을 하지 않으면 절대 돈 잃을 일은 없다.

　게임을 한다고 늘 돈을 딸 수 있는 것은 아니다. 딸 때는 좋지만 잃을 때는 영 기분이 별로다. 즐기는 마음으로 '테이블머니 룰'을 정하는 포커게임처럼 '앞에 있는 돈으로 그냥 즐겼다.'라고 할 만큼 자기관리가 잘 되어 있는 훌륭한 인격을 가지고 계시는 사람들은 많지 않을 것이다. '돈 잃고 속 좋은 놈 없다'고 돈 잃으면 허허 대기보다는 속이 쓰리다. 다만 내색하지 않을 뿐이다.

겨우 게임이 이럴진대 사업의 경우는 어떠하겠는가? 고스톱이나 포커 등의 경우 실력이 비슷하다면 1/3~1/4의 성공 확률이지만, 사업의 경우는 그 위험성이 매우 높다. 그리고 그 위험성은 업종에 따라 다르고 보통 마진이 높은 업종일수록 훨씬 더 높다.

필자는 평생을 유통 관련 사업을 해 왔고, 그런 노하우를 가지고 관련된 강의와 컨설팅을 해 왔다. 그런데 가끔씩 사업의 위험성을 간과하시는 분들을 만난다. 그분들은 대화 중에 "장사나 해 볼까? 장사나 하지 뭐!"라는 말을 하시는데 안타깝게도 그런 생각이 얼마나 위험한지를 인지하지 못하시는 것 같았다. 간혹 몇몇 분들은 집안에서 상당히 큰 금액을 지원받아 사업을 준비하고 계셔서 사업의 시행착오가 생긴다고 하여도 큰 충격을 입지는 않으시겠지만, 대부분의 예비 창업자는 그렇지 못한 것이 현실이다.

퇴직금이나 정부의 창업지원금에 기대어 적은 돈으로 어쩔 수 없이 창업의 세계로 몰려 창업의 문을 두드리는 경우가 허다하다. 그러니 창업의 준비 과정에 얼마나 많은 준비가 필요하겠는가?

필자는 일을 많이 시키기로 유명한 삼성그룹 공채 출신이다. 그런 필자의 직장 생활과 창업의 준비 및 안정 과정을 굳이 비교해 보라고 하시면 창업이 최소한 10배는 더 어려웠다고 말씀드릴 수 있다. 그 시절 필자의 직장 생활은 월화수목금금금 생활의 연속이었다. 그러나 사업은 그것보다 훨씬 더 어려웠다. 그것은 결코 엄살이 아님을 간곡히 말씀드린다.

직장생활 중에는 다른 사람이 했던 너무나 당연한 업무의 모든 것을 사업에서는 다 본인이 해야 한다. 그것은 아주 사소한 일부터 중요한 의사결정까지 다 그렇다. 그리고 조직 내에서의 의사결정 과정은 본인이 100% 결정하는 것도 아니고 혹 그렇게 결정했다고 하더라도 그 결과가 좋지 않을 시 어느 정도 선에서는 완충장치가 되어 있다. 그러나 사업은 그렇지 않다. 본인이 모든 의사결정 해야 하고 그 결과 역시 모든 책임을 져야 되는 것이다. 그리고 사업의 종류에 따라서 다르지만 시행착오의 완충장치가 없는 경우가 다반사여서 잘못된 의사결정으로 인해 사업에 큰 데미지를 입는 경우가 흔하고, 심할 경우 단 한 번의 잘못된 판단으로 사업을 접어야 하는 경우도 너무 많다.

그러므로 사업을 시작하기 전 할 수 있는 모든 것들을 검토하라고 권한다. 사업을 하면서 그냥 '잘 되겠지'라는 긍정적인 생각만을 가지고 할 수는 없다. 사업을 시작하기 전에 본인이 사업을 할 수 있는 여건이 되어 있는지 하나하나 냉정하게 살펴보고 점검한 후 사업의 시작 여부를 판단하기 바란다. 그리고 조금이라도 아니다 싶으면 과감히 중지할 것을 권한다.

사업의 실패에서 오는 고통은 사업을 시작한다고 했다가 중지해서 오는 체면의 손상이나 가족 그리고 주변의 인간관계를 맺고 있는 사람들을 힘들게 하는 것과는 비교가 되지 않는다. 냉정하게 다시 한 번 더 사업을 시작하기 전 생각해보자.

그럼에도 정말 상황이 어쩔 수 없어 창업을 해야 한다면 실패하지 말고 꼭 성공해야 한다. 그리고 성공을 하려면 사장님으로서 갖추어야 할 자질과 준비해야 할 것들이 많은데 그와 같은 것들이 창업하시고자 하는 사장님들 본인에게 있는지 냉정히 되돌아보고 스스로 판단해야 한다.

성공적인 창업을 위해서는 업종과 아이템, 창업 지역, 성별과 나이, 등 여러 조건에 따라 그 성공 요소들이 다르지만 일반적으로 열정, 체력, 자금, 업무의 노하우, 가족의 지원 등이 필수이고 거기에 더하여 좋은 성격과 끈기가 있어야 한다. 그것들에 대하여 알아보도록 하자.

1.
사업은 첫사랑보다
더 뜨거운 열정이 있어야 한다

　지금은 시간이 지나 많은 분들이 그 시절의 기억이 점차 희미해져 가고 있지만 대한민국의 경제 발달사에서 IMF시절만큼이나 많은 분들에게 아픈 기억을 주었던 사건은 없었다. 필자 역시 그 시간들을 정말 힘겹게 보냈다. 그런 의미에서 이 책의 시작을 IMF사태 전후 힘들었던 시간과 그 시기를 뜨거운 열정으로 극복했던 일화를 소개하며 말씀을 시작해보고자 한다.

　IMF를 겪기 전 필자는 여성의류에서부터 무스탕과 모피제품으로 아이템을 바꾸어 사업을 진행하고 있었다. 이와 같은 제품의 이름은 보통 특종(일반 의류와 특별히 다르다 해서 붙여진 이름이다.) 제품이라 하는데 영업 방법은 크게 두 가지로 나눌 수 있다.

　한 가지는 사전에 디자인을 기획하여 의류 브랜드에 납품하는 것으로, 과정은 까다롭지만 납품을 한 후 반품이 없고 전액 결제를 받을 수 있으니 많은 업체에서 하고자 하는 방법이다. 그러나

이 방법은 1년에 1회전을 하는 아이템의 특성상 많은 자금이 필요하고 그 들어가는 자금에 비해서는 이익이 적다. 하지만 납품하고자 하는 기업과 특수 관계에 있어 다른 업체보다 상대적으로 영업을 쉽게 할 수 있는 사람이나 디자인 기획력이 뛰어난 업체에서는 선호하는 방법이다.

또 한 가지 방법은 납품을 하지 않고 직접 기획 생산하여 판매까지 다 하는 것이다. 이처럼 직접 판매하는 영업 방법은 모든 과정을 한 회사에서 다하기 때문에 훨씬 이익이 많이 난다. 하지만 그만큼 재고 부담의 위험이 많이 따른다.

의류 브랜드로 납품하는 영업도 가능했지만 직접 판매에 자신이 있었던 필자는 후자를 택했다. 그러나 처음부터 원피(피혁 제품의 원료가 되는 동물의 가죽)의 확보가 문제가 되었다. 그쪽 계통에 계셨던 분들이라면 다 아시지만 원피는 현금과 다름이 없다. 재고 부담이 있는 것도 아니고 무엇보다 100% 수입이며 수입단가가 비싸서 어음 거래나 외상 거래는 거의 하지 않는다.

영업의 방향은 결정하였지만 자신감만으로 해결될 수 있는 부분이 아니었다. 머리를 뜯으며 며칠 밤낮으로 고민하다가 샘플을 제작했던 공장 사장님의 힘을 빌리기로 했다. 방법인즉 거래하는 두 분 사장님의 원피 거래처 중 외상 영업에 조금이라도 가능성이 있는 거래처를 소개 받아 그 분들이 좋아하는 취미에 접근하여 설득 작업을 하는 것이다.

바둑을 좋아하는 사람은 바둑을 함께 두며, 술을 좋아하는 사람에게는 술로, 노름을 좋아하는 사람에게는 노름으로, 스포츠를 좋아하는 사람에게는 스포츠를 함께하며 교제와 설득 작업을 병행했다. 참 힘들었다. 무엇보다 원피를 외상으로 가져와야할 당위성을 설명하는 것과 '떼어먹지 않는다.'라는 확신을 심어주는 것이 어려웠다. 처음에는 맨땅에 헤딩하는 것 같았다. 전화를 피하는 사람도 있고 면전에서 욕을 하는 사람도 있었다. 그러나 그때마다 다시 찾아가 "어떤 경우에도 피해를 주지 않겠다. 평생을 '신의' 하나로 살아왔다."고 말하며 "나와 거래하는 것이 당신도 성공하는 길이다."라며 설득했다. 물론 사업의 계획이나 유통업계에서의 인맥, 영업 네트워크, 평판 등도 자세히 말해주었다.

'지성이면 감천'이라고 지속적인 정성과 설득으로 그들이 줄 수 있는 만큼의 원피를 지원받는 데 성공했다. 물론 다 성공한 것은 아니었으나 목표한 양, 특히 '무스탕' 원피의 물량은 한 시즌을 버틸 수 있을 만큼은 확보했다.

'만세'를 부르면서 미리 준비해 놓은 디자인으로 생산을 시작했다. 그리고는 대형 유통 매장들을 중심으로 영업을 전개했다. 처음에는 계획대로 되었다. 일이 힘든 줄도 몰랐다. 몇 년 동안 부도났던 어음과 수표를 회수하느라 사업다운 사업을 못하면서 사업의 갈증이 심하던 차에 신이 나서 이리저리 뛰어다녔다. 금방 다시 재기가 가능하리라는 희망으로 가득 찼다.

그러던 중 나라의 분위기가 이상하게 변하면서 전 매장의 매출이 고꾸라지기 시작했다. 그리고는 국가가 부도난다면서 듣도 보도 못한 IMF라는 이상한 단어가 모든 '매스컴'을 도배하기 시작했다. 처음에는 이러다가 좋아지겠지 했다. 그러나 그것은 순전히 나의 희망사항이었다. 전혀 탈출구가 보이지 않았다. 그리고는 캄캄한 암흑 속으로 빨려 들어가고 있었다. 가지고 있는 제품들을 처리하려고 백방으로 노력했으나 허사였다. 할 수 있는 일이 아무것도 없었다.

사무실 구석에서 멍하니 앉아 지난 시간들을 뒤돌아봤다. 나의 잘못은 아무리 되짚어보아도 없다고 느껴졌다. 그러면서 "내가 무엇을 잘못했다고 이런 일을 당하나?" 싶은 생각에 눈물이 났다. 억울하고 또 억울했다. 4년 넘게 부도난 수표와 어음을 회수하느라 모진 고생을 다하고 간신히 재기해서 이제 사업을 다시 시작했는데 이런 경우가 또 있을까 싶었다.

수표를 한 장 한 장 회수하러 뛰어다니던 순간들이 생각났다. "그 돈이 어떤 돈인 줄 알기나 해."라는 말과 함께 멱살을 잡히고 얻어맞던 일, 삼복더위에 '노가다'를 했던 시간들, "겨우 그 돈으로는 수표를 못 돌려준다."고 문전박대를 당한 뒤 설득하려 밤새도록 그 집 문 앞에서 기다렸던 일, 이것도 저것도 안 돼 어쩔 수 없이 교도소에 들어가 '뻥끼통' 옆에 머리를 두고 쪼그려 잠자던 때 등 온갖 힘들었던 시간들이 주마등처럼 지나갔다.

"그런 일들을 다시 겪어야 된다는 말인가?"라는 생각이 나를 사로잡았다. 부도가 났을 때에도 이렇게까지는 힘들지 않았다. 결제를 하라는 거래선의 금전적인 독촉이 아니더라도 미칠 것 같았다. 지금 내 주위의 모든 상황에서 벗어나고만 싶었다. 아무리 숨을 쉬려해도 숨이 쉬어지지 않았다. 살고 싶다는 생각이 전혀 들지 않았다.

아무 생각 없이 차를 몰았다. 가끔 가던 산 입구에 다다랐다. 산으로 올라갔다. 바람이 마치 칼로 살을 에는 것 같았다. 가지고 올라 왔던 로프를 엮어서 나무에 던졌다. 그리고는 목에 걸었다. 두려움은 없었다. 군에서 '유행성출혈열'에 걸려 죽음의 바로 앞까지 가봤던 경험도 있었다. 그때의 감각이나 느낌이 어떤 것인지 기억이 났다. "잠시만 힘들면 된다."고 나 스스로한테 말했다. 아무 미련도 없었다.

이제 발아래 돌만 걷어차면 되었다. 그런데 그 순간 애들이 눈앞에 아른거렸다. 나를 길러 주신 부모님이나 나를 믿고 결혼해 그날까지 온갖 고생을 다했던 집사람 생각보다는 올망졸망한 눈으로 웃으면서 "아빠 다녀오세요."라고 인사를 하며 품안에 안기던 애들 모습이 나를 사로잡았다. 발이 움직여지지 않았다. 다시 세찬 바람이 얼굴을 스치면서 지나갔다.

로프를 풀고 내려 앉아 대성통곡을 했다. 애들뿐 아니라 집안 식구들에게 미안했다. 겨우 돈 문제로 이런 처참한 일을 저지르려 했다는 생각에 나 자신이 미웠다. 얼마나 시간이 지났는지 몰랐다. 몸 전체가 거의 동태처럼 얼어붙어 가고 있었다. 간신히 몸을 추슬러 다시 사무실로 왔다. 그리고는 소파에 고꾸라져 정신을 잃었다.

아무런 기억이 없었다.

그러다 전화 벨소리에 눈을 떴다. 동이 트고 있었다.

전화를 건 이는 N백화점에서 장사를 하다 서로의 마음이 잘 맞아 친구처럼 지내던 L사장이었다. 그 역시 어려움으로 고생을 하고 있는 처지였으나 아이템이 달라 상대적으로 덜 힘들다며 좋은 말을 해주던 사람이었다. 그는 아침 일찍 문뜩 생각이 났다면서 "물건을 가지고 중국으로 가서 팔면 어떻겠느냐?"는 것이었다. 자신도 작년에 대련에 가서 여기서 안 팔리던 물건을 정리했는데, 그때 알고 거래했던 사람이라면 서로에게 도움이 될 것 같다고 했다.

갑자기 새로운 힘이 솟아나는 것 같았다. 잘 팔리고 안 팔리고의 문제가 아니라 길이 보인다는 것이다. 어제의 일은 까맣게 잊고 마음 속 깊숙한 곳에서 다시 뜨거운 것이 올라오고 있었다. 그리고 바로 다음날 우선 무스탕 백여 벌을 가지고 인천에서 대련 행화물선에 올랐다.

대련은 과거 일본의 관동군 사령부가 있었던 교통의 요지로 동북 3성(요녕성, 길림성, 흑룡강성)의 관문 역할을 하는 중요한 도시이다. 그래서 동북 3성으로 연결되는 기차가 대련 역에서 출발하는데 그런 연유로 그 당시 급격히 도매 시장이 활성화 되고 있었다. 우리가 가고자 하는 '미시왕'이라는 도매상점 역시 기차역 바로 앞에 있었는데 보기에는 허름해 보여도 거래 규모가 만만치 않았다.

그곳에서 K사장을 만났다. 중국교포(일명 조선족)인데 대인관계가 좋아 많은 사람들을 알아 복잡하게 얽힌 주변 사람들의 일들을 처리하는 게 주 업무다시피하고 장사는 부인이 전부 알아서 했다. 그곳에서의 장사 방법은 도매와 소매를 병행했는데, 도매는 장사를 하는 소매상들이 기차를 타고 와서 우리의 동대문이나 남대문의 새벽시장처럼 새벽에 도착을 해서 사전에 주문해 놓은 물건이나 눈에 띄는 상품을 커다란 대형 봉지에 담아 사갔다. 그리고 소매는 낮에 상가에 오는 일반 소비자를 상대로 장사를 했다. 필자는 처음에는 K사장 부인이 소매상들을 상대하는 것을 보고 장사를 잘 한다고 생각을 했으나 낮에 찾아오시는 일반 소비자를 상대하는 것을 보니 장사의 경력이 짧다는 것을 알게 되었다. 감사의 마음에 그냥 있을 수가 없었다. 그래서 첫날은 그냥 넘어갔으나 다음 날은 양해를 구해서 한국에서 쓰는 옷장사의 판매 기법을 동원해 장사를 도왔다. 언어가 되지 않는 것은 큰 문제가 되질 않았다. 표정과 몸짓 기본적인 단어 몇 마디만으로도 충분했다. 마음만 있으면 어느 나라에서든 장사를 할 수 있다는 자신감이 생겼다. 이때 얻은 자신감은 훗날 베이징에 외자기업을 설립해 사업을 하게 되는 결정적인 계기가 되었다.

열심히 한 덕분인지 적지 않은 매출을 올렸다. 그 당시 내가 가지고간 무스탕 제품은 K사장 부인의 단골 소매상을 상대로 도매판매를 주로 했고 나는 그 점포에 있던 니트와 일반의류를 팔아주었다. 장사의 속성은 한국이나 중국이나 마찬가지였다.

그렇게 며칠 만에 가지고 간 무스탕 제품을 다 판매한 후 미리 소매상들에게 상품을 주문 받아 귀국했다. 그리고는 가져온 돈으로 밀려 있던 결재금액 중 일부를 결재를 하였고 바로 몇 백 벌을 가지고 다시 들어가 판매를 했다. 물론 그 과정이 쉬운 것은 아니었다. 판매를 진행하는 과정에 사기를 당해 몇 십 벌의 고가 의류를 잃어버리기도 했고 협박을 당하기도 했고 한국으로 출발하던 중 공항에서 돈을 빼앗기는 위기도 있었으나 그때그때 어려움을 극복하며 판매를 했다.

어려움을 겪기는 했지만 그때는 선택의 여지가 없었으며 그 정도의 시련은 한국에서 IMF로 인해 겪었던 말할 수 없는 정신적인 고통의 시간들에 비하면 아무 것도 아니었다. 그리고 더 험한 꼴을 보았더라도 다시 들어갈 수밖에 없는 상황이었다. 그렇게 그해 겨울 대련을 서너 차례 다니며 가지고 있던 물건들을 대부분 정리했고 밀려 있던 결재들을 마무리하며 위기를 극복할 수 있었다.

지금 다시 그때를 떠올려도 어떻게 그와 같이 할 수 있었는지 스스로한테 대견하다는 생각을 한다. 그해 겪었던 모든 일들은 전부 처음 벌인 일들이었다. 그럼에도 마치 오랫동안 해오던 익숙한 업무처럼 처리하였고, 처음에는 계획했던 대로 성공적으로 진행되어 하늘로 날아오르다가 마치 땅바닥에 내동댕이쳐지듯이 끝을 알 수 없는 깊은 곳으로 떨어졌다가 언제 그랬냐는 듯 다시 벌떡 일어나 처음 시작하는 것처럼 이국땅 중국에서 그 위기들을 극복했으니 말이다.

사업은 첫사랑보다 더 뜨거운 열정이 있어야 한다고 생각한다. 왜냐하면 사업은 첫사랑의 열정의 시간보다 훨씬 긴 시간을 견뎌야 하기 때문이다. 아무리 첫사랑의 열정이 뜨겁고 오래 간다고 하여도 사업의 시간보다 더 길 수는 없다.

지금은 유명을 달리하신 황수관 박사가 몇 년 전 TV에서 어머니의 위대함을 재미있게 강의하셨던 적이 있다.

'영국문화협회(British Council)'가 전 세계 102개 비 영어국가 4만 명을 대상으로 '가장 아름다운 영어 단어'를 조사해 보니, 1위가 어머니(Mother)였고 2위부터 5위까지가 열정(Passion), 미소(Smile), 사랑

(Love), 영원(Eternity)의 순서였다고 한다.

모든 분들이 다 같을 것이다. 우리의 삶에서 어머니가 차지하는 비중은 아름다운 단어뿐 아니라 그 어떤 것에서도, 또 전 세계 누구라도 1등에는 변함이 없을 것이다. 그러니 어머니라는 절대적인 단어를 빼고 나면 실질적으로 가장 아름답다고 많은 분들이 선택한 첫 번째는 '열정'이라는 단어이다.

그럼 왜 그 많은 사람들이 열정이라는 단어를 아름답다고 선택했을까? 그건 아마 이루고자 하는 어떤 일에 열정을 가지고 행하는 일련의 모든 과정들이 그 결과의 목표치를 떠나 모든 이들에게 감동을 주기 때문이며, 또한 그런 열정으로 최종 목표를 이루어가는 그들이(경우에 따라서는 안 되는 게 뻔해 보이는 보통 사람의 생각을 뛰어넘어) 이루어내는 것을 보면서 조그만 어려움에도 그것을 이겨내지 못하고 대부분 좌절하고 낙망하는 우리들에게 대리만족을 주기 때문이다.

그런 열정은 강력한 동기부여와 목표가 있어야 하고 그것을 이루는 과정에서 힘이 들더라도 끊임없이 버텨나가는 힘이 있어야 한다. 그렇게 해서 그렇게 폐업율이 높다는 창업의 시장에서 오랫동안 성공하는 사업가가 되는 것이다.

한번 되돌아 기억해 보기 바란다. 여러분 주위에서 고스톱이나 포커 등 게임에서 승률이 높았던 사람들이 얼마나 집중하고 열정으로 게임을 했는지 그리고 얼마나 열렬한 열정을 가지고 있었는지. 아마 생생하게 기억이 나실 것이다. 놀이로 하는 게임도 그럴진대 그것보다 훨씬 많은 자금이 들어가고 인생이 걸린 사업에서 사장님들의 열정은 얼마나 뜨거워야 하며 오랜 시간 지속돼야 하는지를 생각해보시기 바란다.

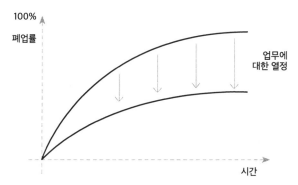

지금 스스로 그만한 뜨거운 열정을 가지고 있지 못한 상태에서 주변의 여건에 그냥 밀리다시피 창업을 고려하고 있지는 않은지를 다시 한 번 더 냉정하게 생각하고 판단해 보시기를 권한다. 그리고 만약 그렇지 못하시다면 창업하지 마시기를 간절히 바란다.

2.
사업은 '철인3종 경기'를
매일 뛰는 체력이 필요하다

　게임을 할 때 대부분의 사람들은 무조건 사람들의 숫자만 되면 "하자."고 자리를 당기는 경우가 있으나 생각해 보라. 어제 저녁 업무나 술자리로 밤을 새웠다면 다음날 컨디션이 어떻겠는가? 좋은 전적을 기대할 수 있겠는가? 처음에는 그럭저럭 버티겠지만 결국 체력의 문제로 돈을 잃을 것이다.

　사업도 마찬가지다. 무엇보다 강력한 체력이 뒷받침되어야 한다. 만약 누가 필자에게 장사에서 가장 중요한 것 한두 가지만 선택하라면 주저 없이 "강인한 체력이 매우 중요하다"고 말할 것이다.

　사업을 하는 데 체력이란 것이 정말 그렇게 중요하냐고 질문한다면 아주 쉽게 대답해서 "왜 70~80대의 할아버지들이 창업하기가 어렵겠느냐?"는 반문으로 답을 할 수가 있다. 연세 드신 분들이라면 당연히 생각이나 배움, 업무의 노하우 등 지식적인 부분이 부족해서 창업이 안 된다고 말할 수 있지만, 가장 먼저는 그분들의 몸이 안 따라 주기 때문이다.

사업에 있어 지식적으로 부족한 것들은 공부를 하거나 시행착오를 거치면서 습득을 하면 되고 감각적으로 떨어지는 부분들은 주위의 도움으로 이겨내거나 미리 준비하고 대비하면 되지만 체력적으로 안 되는 것은 대책을 강구하기가 매우 어렵다. 더 쉽게 말씀드리면 외국어가 안 되어 통역을 쓰는 것과 스스로 외국어의 능력이 있어 원하는 사람들과 자유자재로 대화를 나눌 수 있다는 것과의 비교 정도로 이해하시는 것이 좋을 듯하다.

또한 이렇게 요구되는 체력은 거의 하루 종일 서서 일해야 하는 것으로 나타나는 경우가 많다. 그것은 그냥 "닥치면 그때 가서 고민하지."라고 할 수 있는 것이 아님을 미리 말씀드린다. 그리고 업종에 따라 다를 수 있겠으나 음식과 관련된 창업의 경우는 대부분 어마어마한 체력이 요구되는 것이 일반적인데, 안타깝게도 창업과 관련된 많은 책들 중에 이 부분을 강조하는 창업 관련 서적을 거의 본 적이 없다.

그럼 사업을 하면서 체력이 얼마나 중요하기에 이렇게 강조하는지 필자가 사업을 하며 힘들었던 경험 중 일부를 말씀드려 보고자 한다.

먼저 처음 의류 제조 및 유통 사업을 하면서 겪었던 일이었다.

목포에 대형 의류 잡화 특별 이벤트 행사를 준비하던 과정에서 겪었던 일이다. 행사의 규모에 맞추어 상품을 준비하고 거래처들을 초청하였고 광고 및 인원들을 준비했다. 무엇보다 주력 상품인 우리의 상품을 준비하여 몇 트럭의 물건을 보내고 마지막으로 2.5톤 탑차를 운전해 목포에 도착했다. 그런데 그 당시 일정이 바쁘게 돌아가 좀처럼 하지 않는 실수를 했다. 도착해 상품을 정리하다 보니 가장 중요한 물건을 가져 오지 못했던 것이다.

창고가 나뉘어 있기 때문에 실수를 하지 않기 위해 특별 대형 행사에는 나뿐 아니라 직원들도 사전에 필요한 물건들은 '리스트-업'하여 이중으로 준비한다. 그렇게 챙기기 때문에 좀처럼 필요한 상품을 흘리는 법이 없었는데 '원숭이도 나무에서 떨어진다'고 그날 그런 일이 생겼던 것이다. 정말 난감했다. 창고 열쇠는 내가 가지고 있고 또 다른 열쇠를 가지고 있는 관리자들도 당시 또 다른 지방 행사에 지원을 나간지라 달리 방법이 없었다. 결국 다음날 아침까지는 그 상품이 있어야 했기에 누군가는 서울을 다녀와야 했는데 운전이 가능한 친구들은 워낙 육체적으로 피곤한 끝이라 다녀오란 말을 할 수가 없었다. 결국 나는 다시 트럭을 몰고 서울로 출발했다.

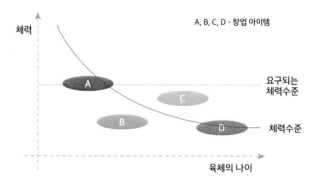

요즘은 대부분 우리나라 국민들이 운전을 하시기에 긴 시간 운전을 한다는 게 얼마나 피곤한 일인지 잘 아신다. 특히 트럭운전은 승용차와 달라 피곤의 정도가 더하다. 어쨌거나 그날 필자는 아침에 서울에서 출발해 오후에 목포에 도착한 후 다시 서울로 출발해 그 거리를 왕복해 새벽녘에 목포에 도착했다. 그리고 뜬눈으로 다시 상품을 정리하며 오픈 준비를 한 후 아침부터 다시 하루 종일 서서 밤늦게까지 장사를 했다.

몸이 '파김치 같이 되었다'는 것이 어떤 상태를 말하는지 확실히 경험한 날이었다. 만약 가지고 있던 체력이 조금이라도 부족했다면 다시 목포로 운전하며 가는 그 길이 정말 위험했으리라는 생각이 지금도 든다. 거의 비몽사몽으로 운전을 하며 갔다. 정말 기초 체력에 정신력을 더해 간신히 버텼던 기억이 지금도 생생하다.

필자는 사업을 하며 상황은 그때그때 달랐지만 비슷한 경험을 많이 했다. 물론 직원들이 있으니 조금 덜할 수는 있었지만, 그런 육체적 힘듦을 피해가지는 않았다. 그리고 그 후에도 육체적으로 감당이 안 되어 고통을 겪을 때가 많았는데 그중 한 가지 더 말씀 드리고자 한다.

IMF를 겪은 후 피자 사업을 준비하며 재기할 때의 일이다. 재기를 준비하며 바쁜 마음에 오픈을 준비하고 난 후, 오픈 일자에 맞추어 집기 및 광고 인원 등을 준비하였는데 인테리어 작업이 늦어 오픈을 늦추어야 하는 상황으로 몰리게 된 적이 있었다. 요즘의 필자 같으면 조금 여유 있게 생각했을 것이다. 그런데 당시는 무엇이 그리 급했는지 꼭 그날 오픈을 해야 된다는 강박관념에 사로잡혀 주야간으로 작업을 하며 준비가 된 날 오픈하려 했다.

그것은 아마 광고지에 날자가 인쇄되어 있고 지인들에게 사전에 알려 놓은 것 때문이 아닌가 생각이 되기도 했지만, 무엇보다 IMF를 겪고 난 후 재기한다는 조급함에 그랬으리란 생각이다. 그리고 그날 꼭 오픈을 해야 된다는 생각에 일주일을 거의 뜬 눈으로 오픈 준비를 했다.

인테리어의 야간작업은 주간작업의 2배의 인건비를 지급해야 하고 사람도 준비하기가 쉽지 않으며 무엇보다 작업의 효율이 떨어진다. 그래서 누군가가 챙기면 조금이라도 도움이 되지 않을까 생각이 들었고, 당시 시간의 촉박함으로 시행착오를 범하면 안 된다는 생각에 작업장을 떠나지 않고 인테리어 작업자들과 함께 했었다. 필요한 야식을 준비하며 응원을 한다고 함께 밤을 새웠었다. 물론 그런 행동을 한다고 인테리어가 더 잘되는 것은 아니었으나 '최선을 다하면 필요한 날짜에 완성되고 오픈할 수 있지 않을까'라는 생각에 그렇게 했다. 또한 야간작업뿐 아니라 주간작업의 대부분의 시간을 인테리어 각 파트의 책임자들과 시간을 같이하며 업무를 독려 했었다. 그런 노력 덕분에 일주일의 예정 시간에 맞추어 가까스로 오픈을 하게 되었다.

그렇게 오픈을 하고 나니 몸의 상태가 말이 아니었다. 도저히 견디기 어려워 잠시 쉬어야겠다는 생각에 목욕을 갔었다. 온탕에 몸을 담그니 피곤이 순식간에 밀려와 잠깐 눈을 감았다가 떴더니 시간이 한 시간 반이 지나 있었다. 일주일간 총 10시간도 자지 못했었던 것이 그렇게 상황을 만든 것이다. 목욕탕 보일러가 망가져 온수가 안 나와 물이 뜨겁지 않았기에 망정이지 그렇지 않았으면 탕 속에서 무슨 일이 있을 뻔했다. 참으로 육체적으로 힘든 시간이었다.

그리고 그렇게 개점한 후에도 계속해서 아침부터 밤늦도록 주말이나 공휴일 없이 시간과 체력적인 싸움을 벌였다.

앞에서는 육체적으로 힘든 시간들을 두 사건을 통하여 말씀드렸는데 이번에는 당좌수표와 관련하여 정신적으로 힘들었던 시간들을 한 가지 더 말씀드리고자 한다.

사업을 하다 보면 어음이나 당좌수표를 사용해야 할 경우가 생긴다. 특히 당좌수표는 어음 보다 위험하다고 하여 가급적 사용하지 않겠다고 마음을 먹어도 어쩔 수 없이 사용해야할 상황이 생긴다.

사업을 하면서 항상 '갑'의 위치에서 있을 수는 없다. 아주 특별히 '갑'의 위치에서 사업을 하는 경우가 있기는 하나 거의 대부분의 사업은 '을'의 위치에서 사업을 하게 될 수밖에 없다. '을'의 입장에서 납품하는 사업이라 하면 납품 회사는 발주하는 회사보다 적은 경우가 거의 다이며, 그들이 결제대금을 어음으로 준다고 하면 몇 개월짜리라 하더라도 그것을 받을 수밖에 없는 것이다. 결제일이 길다고 하여도 거래하는 것이 중요하기 때문이다.

그런 부조리로 인해 최근에는 납품 후 빠른 시간 안에 현금으로 결제를 받을 수 있게 제도의 변화가 있기는 하지만, 그것은 대기업의 경우이고 아직도 많은 업체에서 날짜가 긴 어음을 받는 경우가 많다. 물론 그것이 불합리하다고 느껴 신고를 하면 시정이야 되겠지만 거래는 끝난다고 봐야 한다.

　필자도 여러 가지 이유로 어음 및 당좌수표를 사용하게 되었고 또 어음으로 결제를 받는 일이 많아졌다. 그러던 어느 날이었다. 거래 업체가 부도났다. 당시 그 업체는 상장업체였으므로 어렵다는 소문은 있었지만 그렇게 일찍 부도가 날 줄은 예상하지 못했다. 부도를 맞은 날이 1월 8일이었는데 그 업체의 결제에 맞추어 필자가 발행하여 막아야 할 어음은 1월 15일부터 뒤로 약 일주일 단위로 계속 발행되어 있었다. 참으로 막막했다. 머리로는 따라서 부도를 내야 된다고 생각하고 있지만, 마음속으로는 '그동안 벌어 놓은 것으로 우선 막고서 사업을 계속하면 어떻게 가능하지 않겠느냐'는 생각들이 끊임없이 올라왔다. 그런 생각 속에는 내가 부도를 내면 관련되어 있는 사람들의 고통이 너무 클 것 같다는 생각이 마음속을 떠나지 않았다. 결국 필자는 고민 끝에 영업을 하면서 어음을 막는 길을 택했다. 그러나 그 선택은 최악의 선택이 되었다. 오히려 주변 사람들에게 더 큰 피해를 입히게 되었기 때문이다. 그리고 본인 역시 정신적으로 육체적으로 말할 수 없는 큰 고통의 시간을 보냈다. 그때는 아무리 쉬거나 잠을 자도 늘 피곤의 연속이었다. 정신적인 긴장이 육체적인 피곤을 가중시키는 것이었다. 그리고 몸이 그래서 그런지 벌어지는 모든 상황 역시 안 좋은 일들이 연속해서 벌어졌다. '엎친 데 덮친다'고 다른 업체로부터 추가로 부도를 맞았고 특약으로 거래하던 이들이 상품을 가지고 도주하는 사건 등 그 전에는 없었던 일들이 벌어지며 사업은 점점 더 어려워졌다.

　그리고 결국 그해 11월 30일 부도를 내게 되었다. 부도가 난 후에는 금전적 손해를 본 것 때문에 억울하기도 했지만, 그런 마음보다 약 1년 가까이 이삼일이 멀다하고 계속해서 돈을 막아야 하는 정신적인 고통을 간신히 이겨내 왔는데 그 시간들이 헛것이 되었다는 생각에 더 힘이 들었다. 어음과 당좌수표를 막는 고통은 부도나는 그 날을 향해 뒤로 가면 갈수록 점점 더 힘이 든다. 주위에서 말씀을 들으신 분들도 있으실지 모르겠지만 이렇게 부도에 엮이면 처음에는 어음을 막아야 하던 것이 나중에는 당좌수표를 막아야 하는 일로 바뀌게 된다. 그래서 민사사건의 일이 형사 사건의 일로 바뀌게 되는 것이다. 필자도 다르지 않아서 결국 당좌수표의 부도로 일이 커져 형사사건으로 엮이게 되었다.

돈으로 시달리며 힘든 것은 육체적으로 힘든 것과는 또 달라 몸이 근본적으로 망가지게 되는데 당시 그래도 약 1년 가까이 견디며 사업을 할 수 있었던 것은 다른 사람들보다 좋은 체력을 가지고 있어서 육체적으로 버틸 수 있었기에 가능했다고 지금도 생각하고 있다.

앞서 사업에서 체력이 중요하다고 강조하며 몇 가지 사건을 가지고 언급했는데, 그 몇 가지 사건으로 그 중요성을 다 설명할 수는 없다. 그렇지만 앞의 사건 외에도 사업의 많은 부분에서 체력적인 한계를 요구당하는 경험을 해왔음을 다시 말씀드린다. 그러니 사업을 시작하시려는 예비사장님들은 꼭 참고하시기 바란다.

게임에서 돈 잃지 않으려면 시작하지 않는 것처럼 내가 과연 그런 힘든 과정을 이겨낼 체력이 되는지 진지하게 고민해 보시고 창업하시길 바란다.

3.
성격, 성질 전당포에 맡긴 지 옛날이다

창업의 성공률은 각 창업 아이템에 따라 다르지만 투입된 자본금에 비례하지 않는다. 즉 많은 자금을 넣었다고 꼭 성공하는 것은 아니다. 창업의 성공은 처음 준비부터 사업의 안정까지 각 대표자의 여러 역량과 투입 요소에 따라 크게 달라진다. 즉 업종도 잘 선택해야 하고 사업장의 입지조건도 업종과 맞아 떨어져야 하고 시기와 사람들도 잘 만나야 하는 등 여러 가지가 있지만 그 중 중요하고 우선시 되는 것이 대표자의 성격과 기질이다. 즉 사업 성패의 원인으로 외부 요인도 중요하지만 창업자 자신의 내부 요인도 중요하다는 사실을 잊어서는 안 된다.

흔히 창업자는 본인이 성실하고 부지런하며 대인관계도 원만하다고 생각되면 그것으로 충분하다고 판단하며 창업의 길로 나가는데, 충분하다고 생각되는 항목들은 스스로 생각하는 주관적인 것들이며 객관적으로 조사해 보거나 판단 받아 보면 그렇지 못한 경우가 많다. 특히 업종별로 어느 업종에서는 좋은데 또 다른 업종에서는 그런 유형의 성격이 오히려 단점이 되는 경우가 흔히 있다. 경우에 따라 서비스업에서는 좋다고 하는 외향적인 성격이 제조업에서는 오히려 불리하게 작용할 수도 있다는 것을 알아 두는 것이 좋다.

그러나 일반적으로 '사업에 좋은 성격이라는 것은 없다'고 전문가들은 이야기한다. 그때그때 상황별로 다르게 대응하려면 본인의 성질대로 대응하는 것은 곤란하다는 것이다. 일반적으로 알려진 외향적인 성격을 가지고 있는 사람보다 내성적인 성격을 가진 사람이 오히려 사업을 더 잘할 수 있다고 말하는 것이 이런 이유 때문이기도 하다. 즉 내성적인 사람일수록 사업을 진행하며 발생되는 많은 복잡한 일들을 '스트레스'를 받지 않고 감정적으로 조절하여 외향적인 사람보다 차분히 하나씩 잘 처리한다는 것이다. 내성적인 성격 때문에 창업을 주저하시는 분들에게는 참으로 기쁜 소식이 아닐 수 없다. 그럼 창업하고자 할 때 성격이나 성질의 점검이 왜 필요한지 알아보자.

업무 완성의 구성 요소

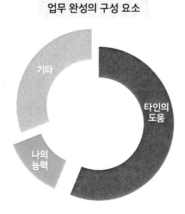

사업은 계획을 세우고 그것대로 모든 업무들이 이루어져 나가게 되는데 그것은 혼자 힘으로 다 하는 것이 아니다. 어떤 종류의 일이라 하더라도 다른 사람을 통해서 진행되는 경우가 대부분이고, 전체 업무의 완성도 측면에서 보더라도 다른 사람의 도움이 나 혼자 하는 것보다 그 비중이 훨씬 높다는 것을 잊으면 안 된다. 그런데 사업을 하다 보면 그렇게 도움을 주는 타인들이 항상 최고의 만족도를 주는 것은 아니다. 그렇기 때문에 그것을 잘 관리하는 것이 사업의 포인트다.

예를 들면 직원들의 근태와 관련되었을 때가 많다. 아침에 아프다고 전화하면서 결근하고(아니 전화라도 하면 다행이다) 오후에 장사 준비하기도 바쁜 시간에 앉아서 졸고, 툭하면 핸드폰 들고 나가 들어오지 않거나 집에 급한 일이 생겨 들어가야겠다는 등 여러 경우가 생긴다.

직원뿐이겠는가? 협력업체나 납품업체의 업무 중에도 많다. 꼭 필요하고 원하는 시간에 언제나 그들의 도움이 100% 있는 것은 아니다. 그러나 대부분 업무가 완성되어가는 데는 그들의 협력이 필요하다. 그러므로 머릿속으로 생각 되는대로 그들이 움직이지 않는다고 성질을 부리는 것은 정말 곤란한 일을 당하게 될 수 있다.

아울러 성질을 드러나게 하는 데는 소비자들도 한 몫을 한다. 제품에 하자가 있다고 절반 이상 사용한 제품을 환불해 달라던지, 음식 다 먹고 상한 음식 같다고 시비를 거는 등 별별 소비자들이 다 있다.

소매업과 관련된 사업만이 아니다. 납품한 제품에 말도 안 되는 트집을 잡아 납품 단가를 후려치려고 하거나 '클레임'으로 협박하는 사례도 있다. 사업을 하다 보면 실제 예를 든 이런 경우보다 더한 일도 많다. 그럴 때마다 치밀어 오르는 성질대로 반응한다면 아마 사업은 둘째 치고 제명대로 살기도 어려울 것이다. 그러므로 상황이 아무리 어려워도 사업과 관련된 관계자들을 내가 목표로 하는 방향으로 움직이게 하려면 나의 감정을 그대로 표출시키는 일이 있어서는 안 될 것이다.

그리고 이와 같은 일들은 우리가 알고 있는 모든 업종에서 다 일어날 수 있음을 유념하시기 바란다. 업종을 잘 고른다고 피할 수 있는 문제는 전혀 아니다.

우리나라에는 약 15,000여 가지의 직업이 있고, 미국처럼 산업이 잘 발달되어 있는 나라의 경우는 약 30,000여 가지의 직업이 있다고 한다. 그런데 그 많은 직업을 일일이 어떤 성격이 어떤 사업에 유리한지 직업군별로 나눌 수는 없다. 다만 사전에 조사하여 직업군별로 큰 범위에서 어떤 직업군이 어떤 성격에 좋은지 정도만 알아 두시는 것만으로도 새롭게 창업을 준비함에 있어 유리하다고 생각한다.

창업을 준비하시는 각 예비사장님들이 본인은 알고 있다 하더라도 각각 스스로의 성격과 기질을 점검하고 냉정하게 본인을 판단하여 '내가 사업을 하는데 어떤 성질을 가지고 있나 그리고 어떤 사업이 내 성격에 합당 한가' 정도를 사업 시작하기 전 점검하시길 권한다. 그리고 성격적으로 도저히 안 되겠다는 판단이 드시면 사업을 하지 마시길 권한다.

　참고로 서점에 성격 조사와 진로, 직업군 등과 관련된 책들이 많이 나와 있는데, 직접 해 보시길 권한다. 그 조사 과정이 다소 지루하고 고등학교 시절의 진로 상담 같이 느껴진다고 하여도 차분히 스스로를 점검해보고, 그 방법 외에 가까이서 본인에게 충고해줄 친구나 선후배들을 만나 충분히 냉정한 조언들을 들어보기 바란다. 귀찮더라도 그런 과정을 거치면서 성공적인 창업의 첫걸음을 내딛는 것이 바람직하다.

4.
사업은 고래 힘줄보다
더 질긴 끈기가 있어야 한다

사업을 성공적으로 이루어 나가기 위해서는 여러 가지 필요한 조건이 있어야겠지만 그중 하나는 단연코 끈기가 아닌가 생각한다. 여기서 필자가 말하는 끈기는 그냥 할 만하니까 참고 계속하는 수준의 끈기가 아니라 도저히 참을 수 없는 상황에서도 좌절하지 않고 혀를 꼭 깨물고 다시 일어서는 수준, 정신적으로 모든 것을 놔 버리고 싶은 상태에서도 다시 한 번 더 일어나 앞으로 나가는 정도의 끈기를 말한다. 사업을 한다는 것이 처음부터 끝까지 못 견디게 힘듦의 연속만은 아니다. 그러나 어느 일정 시간 육체적으로 정신적으로 못 견딜 정도로 계속해서 힘든 뒤 끝에 다시 강력한 스트레스가 얹혀질 때 그때 모든 것을 포기하지 않고 다시 시작하는 끈기가 필요하다는 것이다.

군에 다녀온 남자들은 군 생활 중에서 선착순 한 번 안 해 본 사람은 없을 것이다. 우리가 그냥 쉽게 말해서 그렇지 선착순 달리기는 정말 힘들다. 그리고 경험이 생생한 분들이 많으실 텐데 선착순은 뒤로 가면 갈수록 점점 더 힘들다. 힘들어 죽을 지경인데 선착순의 순번 안에 들어오지 못하면 그 거리를 다시 또 뛰어야 한다. 지치고 숨은 턱에 차고 다리는 움직이지 않는데 또 뛰어야 하는 고충은 안 뛰어본 분들은 이해하기 어려울 것이다.

선착순 달리기를 몇 번 하고 나면 하늘색이 변한다. 푸른 하늘이 '노리끼리'한 색으로 변한다. 선착순으로 뛰어야 하는 거리가 얼마인지는 상관없다. 그저 웬만한 거리라도 선착순 달리기를 몇 번 하고 나면 그렇게 변한다. 아무리 훈련이 잘 되어 있는 군인이라 하더라도 다리와 허리가 끊어지는 것 같다.

그때 어땠는지 기억이 나실 것이다. 주저앉고 싶었던 그때 다시 움직여 뛰었던 기억, 끈기는 그런 것이다. 사업을 하다 보면 그와 같은 상황에 많이 직면하게 된다. 그냥 포기하고 싶다. 어떤 때는 힘들어서 어떤 때는 창피해서 어떤 때는 전혀 이익이 되지 않는다 생각돼서 그냥 포기하고 싶어지는 때가 있다. 그러나 그때 좌절하거나 포기하지 않고 앞으로 나가는 것이다.

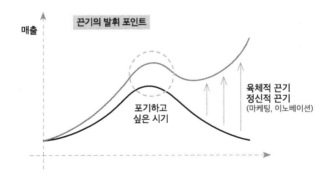

그리고 사업을 하다보면 선착순 달리기처럼 짧은 시간 못 견딜 정도로 힘든 것을 이겨내야 하는 상황도 있지만, 천리 행군처럼 긴 시간 동안 지속적으로 힘든 경우도 많다. 여러분 야간 행군 전 헬멧 뒤에 은박지나 흰 천을 부착했던 기억이 있으실 거다. 야간 행군 시 눈을 감고 걸으면서 앞 사람 놓치지 말라고 말이다. 그래도 걷다가 길 옆 도랑으로 떨어지거나 도로 중앙으로 걸어가는 사람들이 있다. 그런데 그때 걷다가 도저히 못 걷겠다고 쉬고 싶다고 해도 바로 드러눕지 못하고 결국 부대나 숙영지까지 도착했던 기억이 있으실 것이다.

몇 해 전 올림픽 준비를 위해 지상파 방송국에서 국가대표 선수들이 훈련하는 모습을 카메라에 담아 방송을 한 적이 있었다. 태릉에 위치한 국가대표 선수들이 선수촌의 뒷산인 '불암산'으로 선착순 산악 달리기를 매일 한다는 뉴스가 텔레비전에 나온 적이 있다. 태릉 뒷산이 하도 달리기를 하여 나무 외에는 풀이 없이 그냥 흙바닥이었다. 얼마나 뛰고 또 뛰었으면 저렇게 되었을까 라는 생각과 함께 허리를 숙인 얼굴에서 땀이 비 오듯 흐르고 가쁜 숨을 몰아쉬는 선수들을 보면서 "나보다 더 많은 땀을 흘린 사람은 금메달을 가져가도 좋다"고 말하는 그들의 집념과 끈기를 보며 숙연해진 적이 있었다.

창업 후 대표님들도 이들과 같이 땀을 흘리면서 지치고 힘든 가운데도 계속해서 꾸준히 여러분의 일을 해야 한다는 것을 잊지 마시기 바란다. 그냥 끈기가 있어야 되는 것이 아니라 고래 힘줄보다 더 질긴 끈기로 성공하실 때까지 여러분의 일을 해나가셔야 하는 것이다. 그리고 이런 끈기를 발휘하시기 위해서는 그냥 혀를 깨물고 견디는 육체적인 것뿐 아니라 정신적인 것이 함께 포함된다.

정신적으로 끈기를 발휘하기 위해서는 끊임없는 마케팅의 개발이 있어야 한다. 경우에 따라서는 극단적인 혁신(이노베이션)이 동반되는 끈기가 뒤따라야 할 때도 있다. 중간에 포기 하고 싶어질 때가 많다. 그러나 그것을 이겨내야 한다. 어느 코미디언 말이 "포기는 배추 셀 때 쓰는 단어다"라는 말처럼 포기하지 않고 지속적으로 해나가시는 것이다.

창업을 고민하시는 예비 대표님들은 '내게 그와 같이 일에 대한 끈기가 있는가?' 꼭 점검하시기 바란다. 그리고 성격적으로 그렇지 못하시다면 창업을 신중하게 고려해 보시길 바란다. 그냥 '잘 되겠지.'라는 생각은 정말 위험하다.

5.
가족의 지원사격 없이
전쟁은 안 된다

우리는 현대그룹의 고 정주영회장이 아버지 몰래 소 판 돈 70원으로 현대그룹을 일구어낸 후, 그 소 판 돈을 갚기 위해 소 1001마리를 몰고 1998년 6월 방북했던 유명한 사건을 알고 있다. 그 사건은 단순히 소 판 돈을 갚기 위해서가 아니라 당시의 남북관계의 화해를 위한 정치적인 사건이기도 하다. 여기서 제가 이 부분을 언급하는 것은 방북도 소도 판문점을 넘은 사건도 그 어느 것도 말하고자 하는 것이 아니다. 그 소 판 돈 70원에 대하여 언급하고자 하는 것이다.

1932년 70원 하는 소 한 마리가 당시에는 얼마나 큰돈이었을까? 제가 환율의 전문가가 아니어서 잘 모르겠으나 순수하게 단순비교를 해보면 현재 시세로 한우 암소 600kg가 450만 원 정도 한다고 하니 그 정도의 돈으로 생각할 수 있을 것이다.

그러나 그 당시 농경 사회의 경제 여건 속에서 소의 중요성을 모든 산업이 고르게 발달한 21세기 지금의 경제 여건과 숫자로만 단순비교를 하는 것은 곤란할 것이므로 모든 여건을 고려해 판단하면 지금의 웬만한 아파트 한 채 값은 되었으리라 생각한다. 즉 지금으로 말하면 아버지 몰래 집을 저당 잡히거나 팔아 돈을 마련해 사업자금으로 준비했다는 것과 다르지 않다는 것이다.

최신 버전으로 말하면 아내 몰래 집을 근저당 잡혀 사업 자금 마련해 창업을 하는 것과 마찬가지인 셈이다. 예를 들어 말씀드리는 것이어서 그렇지 진짜로 그런 일이 발생된다면 남편을 하늘처럼 믿고 따르며 사랑하는 부인이라면 모를까 아마 두 명 중 한 명은 이혼 소송을 당할 것이다. 사업도 좋고 창업도 좋지만 그럴 위험까지 감수하며 창업할 필요는 없다고 생각한다. 물론 당연히 그렇게 창업하는 사람들은 거의 없을 것이다.

여기서 강조하고자 하는 것은 먼저 사업을 하고자 하면 가족의 동의가 필수라는 것이다. 그것은 단순히 다니는 직장을 그만두고 새롭게 사업을 시작하겠다는 것을 알리고 상의하는 것뿐 아니라 다른 몇 가지 의미가 있다고 생각한다. 즉 창업을 위하여 본인이 얼마나 많은 준비(아이템 선정 이유, 업종의 현재와 미래, 경쟁 상황, 자금의 준비, 그에 따른 사업계획 등등)를 했는지 자세하게 말해주어 가족에게 이해와 확신을 심어 주는 것이다.

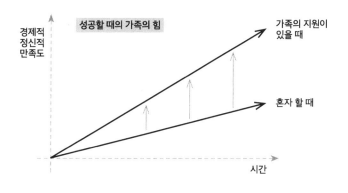

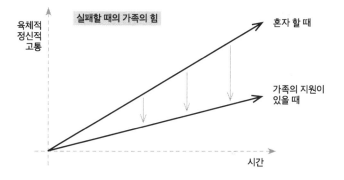

그리고 경우에 따라 창업 후의 가족의 도움이 필요할 수 있다는 것을 인지시켜주고 함께 창업을 준비하는 마음을 갖게 하고, 사업이 어려워질 경우 발생할 수 있는 여러 가지 경우의 수를 미리 알려주어 사업의 성패를 함께 해나갈 마음가짐을 갖게 하는 것이 중요하다

사업에 실패하면 삶의 질은 곤두박질친다. 그것을 못 견디어 우울증에 걸리거나 심지어는 삶을 포기하는 경우를 우리는 너무도 많이 듣고 본다. '백짓장도 맞들면 낫다'는 속담이 있다. 함께하는

가족들이 물질적으로 육체적으로 도움이 된다면 다른 어떤 사람들보다 더 큰 도움이 될 수 있다. 최근의 창업 트렌드는 규모를 적게 혼자하거나 가족의 도움이 있는 정도의 규모로 창업하는 것이 흐름이다. 그러니 더더욱 가족의 강력한 지원은 필수인 셈이다.

그리고 또 한편으로는 창업 자금 준비에 대한 부분이다. 뒤에 자세히 다루겠지만 사업에서 자기 자본의 중요성은 아무리 강조하여도 지나치지 않다. 본인의 자금만으로 창업을 준비하면 좋지만 여건이 허락되지 못할 경우 제도금융권의 자금 외에 부인이나 형제 등 가족과 친지로부터 사업 자금을 준비할 수 있고 그렇게 준비하는 과정에서 주변 가까운 인간관계의 사람들에게 사업을 시작하는 사람으로 준비 되어 있는 자세를 보여주는 것이 필요하기 때문이다.

가족의 지원은 정신적인 응원뿐 아니라 경제적인 도움도 큰 힘이 된다는 것은 두말할 필요가 없다.

6.
대충 알고 시작하면 개미지옥에
떨어지는 개미가 된다

창업 강의 때마다 많은 창업 예정자들을 만나보게 된다. 그런데 의외로 창업을 결정하기로 마음을 먹고 교육까지 받으면서도 창업 아이템을 정하지 못하신 분이 많았다. 그리고 저에게 어떤 아이템이 좋겠느냐고 질문을 하시곤 했다. 그렇다. 새로운 길을 시작하는데 여러 가지로 검토할 것이 많고 한편으론 걱정도 많으실 테니 올바른 판단을 못하게 되는 게 당연하리라 생각된다. 특히 아이템의 결정은 창업의 첫발을 내딛는 것이니 신중에 신중을 기할 필요가 있다. 그렇다면 어떤 아이템이 창업에 가장 좋을까?

그것은 앞서 말한 대로 여러 가지 검토 사항들이 있겠으나, 본인이 잘 아는 아이템 중 하나로 결정하는 것이 최선이다. 보통은 직장생활을 하며 쌓아 놓은 노하우를 활용하여 창업을 하는 것이 가장 무난하다. 그런데 문제는 직장생활의 노하우가 창업 아이템으로 연결할 수 있는 노하우가 아닌 경우도 많고 남의 떡이 커 보인

다고 나의 노하우와 연결될 수 있는 아이템보다는 다른 아이템이 더 좋게 보여 망설이는 경우이다

전자의 경우인 직장 생활에서 쌓은 노하우로 창업 아이템을 잡는 경우는 다소 수월 하지만 후자의 경우는 조금 복잡해진다. 세상의 모든 것들이 그렇듯이 창업의 경우도 본인이 모르는 업종을 선택할 경우 그 업계에서는 여러분이 꼴찌라는 것이다. 과거에 비하여 점점 창업의 시장이 좁고 어려워져 성공의 확률보다 실패의 확률이 높아지는 요즘 창업 아이템의 노하우마저 부족하다면 이는 모든 것을 원점에서부터 다시 생각해 봐야 한다. 그렇다. 성공적인 창업을 위해서는 선택한 업종에서 누구보다도 많은 노하우를 알아야 한다. 그럼 어떻게 하는 것이 가장 좋을까?

제가 권해 드리고자 하는 방법은 창업하고자 하는 업종이 결정이 되면 그 업종의 가장 앞서 있는 회사나 점포를 찾아 일정 시간을 그곳에 취직하여 홀로서기를 할 수 있을 때까지 모든 업무를 배우는 방법이다. 혹시 '아니 취직이 안 돼 창업하려는데 무슨 소리냐'고 하실 수 있다. 나이가 많다거나 여러 가지로 일할 수 있는 여건이 되지 않는 경우가 있다 그러나 눈높이를 낮추시면 얼마든지 가능하다. 급여가 아니면 시간제도 있고, 또 급여 역시 다른 사람들보다 훨씬 낮춰 받고 시작하면 얼마든지 기회가 생긴다. 성공하신 대표님일수록 그런 분들을 잘 이해하시고 본인들 역시 그런 과정으로 그 자리에 계신다는 것을 알기에 간절한 설득의 말씀이 있으면 얼마든지 가능할 것이다.

혹시 그런 일이 성격적으로 맞지 않거나 대인관계에서 그렇게 부

딪치는 업무를 해보질 않아 어렵게 느껴지실 분들도 있을 거다. 그러나 그런 준비 과정은 해당 아이템의 노하우만을 얻는 것만이 아니고 장사의 전반적인 과정들을 숙지하는 아주 중요한 시간이 될 수 있다. 성공적인 창업은 아이템의 노하우만 잘 안다고 되는 것이 아니다. 사업의 성공을 위해서는 여러 조건들이 잘 어우러져야 한다. 어느 한두 가지를 잘 한다고 성공하는 것이 아니다.

두 가지 예를 들어 보자.

먼저는 필자가 피자 사업을 할 때이다. 주방 보조로 일하던 직원이 있었다. 나이는 30대 초반으로 다른 업종의 경험이 없이 피자 업무만 오랫동안 해왔다. "고생해서 돈을 모았다."면서 피자 점포를 내려고 하는데 "도와줄 수 있느냐."는 것이었다. 필자는 그냥 기본적인 창업 조건을 말해주고 도와줄 수도 있었지만, 반대를 했다. "장사는 그냥 피자만 잘 만들고 배달만 하면 되는 것이 아니니 조금 더 참고 기다려라." 그리고 "장사의 다른 것들을 더 배우고 천천히 해도 늦지 않는다. 특히 피자는 배달이라 하더라도 점포의 위치가 매우 중요하니 그것을 터득할 때까지는 참아라."고 말해주었다. 그러나 그 직원은 조언을 무시하고 다음 달에 나가서 전혀 엉뚱한 장소에 창업을 했다. 그리고는 몇 달 지나지 않아 가게 문을 닫았다는 이야기를 다른 직원을 통해 들었다. 아마 자세히 모르기는 해도 고등학교를 졸업하고 10년 가까이 번 돈을 단 몇 개월 만에 다 날린 것이다.

비슷한 다른 예이다. 창업 강의를 들었던 북한 귀순자의 예이다.

그 역시 대한민국에 온 후 약 5년간 공장에서 부부가 열심히 일해 창업을 준비하고 있었다. 아이템은 북한식 순댓국으로 준비를 하고 있었다. 필자는 그가 귀순한 지 어느 정도 시간이 되어 창업이 가능할 수도 있겠구나 싶어 면담을 했는데, 의외로 너무나 우리나라 실정을 모르는 것이었다. 그를 도와준다는 사람을 너무 믿고 있었다.

그래서 면담 후 간곡한 어조로 반대의 뜻을 전했다. 그러나 그는 "우리나라의 물정도 많이 알고 순댓국도 자신이 있으니 성공할 수 있다."면서 "자신을 너무 무시하는 것이 아니냐."고 오히려 서운해 했다. 참으로 답답했다. 필자는 "내가 이렇게 반대를 한다고 내게 무슨 이익이 있겠는가?"라고 반문을 하며 "당신이 소개 받았다고 하는 그 점포의 상권은 내가 잘 아는 지역인데 싸게 준다는 점포의 권리금의 시세를 직접 다른 부동산을 돌면서 조사 해봐라. 당신을 도와준다는 사람이 말하는 시세의 절반밖에 되지 않을 것이다."라고 말해 주었다.

약 한 달 정도의 시간이 지났을까 "다시 취직해 공장을 다닌다."고 그에게서 전화가 왔다. 필자는 내말을 들어주어 오히려 고맙다고 말해 주었다. 또 한 명 개미지옥에 떨어지는 창업 예정자를 구한 것이었다.

간혹 힘든 길을 피해가고 싶은 마음에 "이 아이템을 하면 힘들이지 않고 큰돈을 벌수 있다."는 광고 문구의 대리점 모집 광고에 마음이 쏠리는 경우가 있는데, 그렇게 쉽게 돈을 벌 수 있는 아이템은 없다는 것을 감히 말씀드린다. 그리고 혹시나 진짜 그런 아이템이 있으면 여러분의 차례로 돌아오지 않는다. 그렇게 잘 벌리면 광고 안 하고 직접 다 하지 뭐 하러 광고를 하겠는가? 명심하시기 바란다. 또한 "빨리 끓은 물은 빨리 식는다."라는 불변의 법칙은 사업의 모든 아이템에 그대로 적용된다는 것을 아시기 바란다. 냄비에서 하는 밥보다 두꺼운 돌솥에 밥을 하는 것이 훨씬 맛있고 온기가 오래 간다. 그리고 급격히 점포가 확장되는 아이템에는 들어가는 돈이 많다. 그리고 그 돈 다 들이고 나면 별로 남는 게 없기 십상이다. 주의하시기 바란다.

다시 말씀드리면 사장님이 모든 것을 다 하실 수 있게 노하우를 갖추시는 게 매우 중요하다. 그리고 그 노하우를 바탕으로 사업계획서를 준비하는 것이다. 대부분 많은 분들이 그런 노하우 없이 다른 사람에게 사업계획서를 부탁하거나 본인이 작성하면서도 충분한 지식이나 경험 없이 대충 작성하시는데, 그것은 매우 위험한 발상이다.

필자가 알고 있는 동대문에서 인터넷 쇼핑몰을 성공적으로 운영하시는 J사장님의 경우 업무의 노하우뿐 아니라 주문부터 배송까지 아무리 힘들어도 대표가 모두 참여하고 진행해야지, 만약 대표가 그 현장을 떠날 생각을 하려면 아예 시작하지 않는 것이 좋다고까지 말씀하신다. 그렇다. 성공적인 창업을 이루려면 피나는 준비과정이 필요하다. 그런 준비과정을 소홀히 하지 말고 그렇게 하실 수 있을 때 창업의 문을 두드리시길 바란다. 대충 알고 시작하면 개미지옥에 떨어지는 개미 꼴이 난다.

7.
남의 돈도 내 돈처럼 써라

자금은 사전적으로 '사업을 경영하는 데 밑천이 되는 돈'을 말하는데, 창업에 있어 자금의 중요성은 아무리 강조해도 지나치지 않다. 즉 넉넉한 자금이 있다면 창업 후 시행착오를 겪어 사업을 접는다 해도 언제든 다시 사업을 시작할 수 있고 사업의 운영에만 전념을 다할 수 있으니 아무런 걱정이 없다. 그러나 이런 경우는 아주 특별한 몇몇 분들에게만 해당되는 것으로 대부분의 창업 예정자들에게는 먼 나라 얘기일 수밖에 없다.

일반적인 창업 예정자의 경우 퇴직금이나 가족 및 지인들의 지원금 그리고 정부의 정책자금 등 일부 한정적인 금액으로 시작하는 경우가 대부분이다. 그러므로 더욱 창업을 시작하기 전 자금의 집행을 충분히 검토하여야 할 것이다.

먼저 교과서적으로 창업자금은 자기자금과 타인자금으로 나눌 수 있는데, 이를 정리하면 다음의 표와 같다.

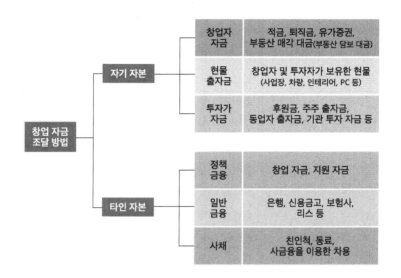

필자가 여러분에게 말씀드리고자 하는 것은 제시된 도표를 설명 드리려는 게 아니다. 위와 같은 도표는 경제 관련 서적을 보면 어디에나 나와 있는데, 필자까지 그런 고리타분한 설명을 한들 창업에 무슨 득이 되겠는가. 여기서 말하고자 하는 기준은 한 가지이다. 그것은 어느 쪽 자금을 쓰든지 내가 원하는 그 시간까지 사업의 운영에만 최선을 다할 수 있는 자금이냐 아니냐는 것이다.

예를 들어 보자. 아무리 내 돈이라도 일정 시간 뒤 쓰임새가 있는(이는 예정되어 있거나 예정되어 있지 않은 경우 둘 다 마찬가지이다) 돈, 즉 자녀들의 학자금이나 부모님의 병원비로 들어가야 될 돈이라면 그것은 타인의 자금이나 다름없다. 반대로 친인척이나 친구의 돈 등 주변의 다른 사람의 돈이라 할지라도 내가 원하는 그 시간까지 집행할 일이 있으면 쓰임새가 불안정한 자기자금보다 더 좋다. 그러므로 창업 전 차용해온 타인의 자금일 경우 갑작스럽게 변제를 해야 하는 자금이냐 아니냐를 최대한 예측해서 창업을 결정해야 한다.

은행이나 보증기관을 이용하는 자금도 마찬가지이다. 1년(혹 그 시간보다 짧거나 길 수도 있다) 뒤 다시 계속해 사용을 할 수 있느냐 없느냐를 충분히 검토해야 하고 당연히 금리도 자세히 알아보아야 한다. 여기서 보증기관의 경우는 원금 환원의 방법을 잘 선택하셔야 한다. 금리가 낮은 대신 원금과 함께 나누어 갚는 상품들이 있는데, 이 경우 사업이 조금이라도 부진할 경우 매우 힘이 들므로 각별히 주의해야 한다.

또한 준비하는 자금에 맞춰 어느 정도 크기로 사업을 진행하느냐가 매우 중요한데, 이에 대해서는 일본뿐 아니라 세계적으로 유명한 기업인 마쓰시타의 생각에서 그 답을 알아보도록 하자.

많은 일본인들로부터 회장님이라는 칭호보다는 아버님이란 칭호를 받으며 존경을 받았던 마쓰시타는 본인의 성공 밑받침을 가난, 몸의 허약함, 못 배움이었다고 말했다. 즉 가난해서 검소할 수 있었고, 몸이 허약해 젊어서부터 몸 관리를 해 건강할 수 있었고, 못 배워서 평생 다른 사람들에게 배우며 겸손을 실천했다는 것이다. 그리고 그것에 더하여 아주 중요한 고백을 한 가지 했다.

은퇴한 후 어느 기자가 오랜 기간 사업을 해오시면서 어떻게 실패를 하지 않고 늘 성공적으로 사업을 해 오실 수 있었는지 비결을 물은 적이 있는데, 그 질문에 마쓰시타는 이렇게 대답했다고 한다.

"나는 새로운 사업을 준비할 때 기본적으로 투입되는 자금 외에 모든 변수를 다 집어넣어 그에 따르는 자금을 계산해서 초기의 자금과 총 변수의 자금을 더한 금액이 내가 준비할 수 있는 자금의

50%가 넘으면 그 사업을 시작하지 않았습니다."

참으로 창업을 준비하는 사람들에게는 새겨볼 만한 말이라 생각된다.

그에 비해 우리의 현실은 어떨까? 자금이 일억 원이 준비되어 있는데, 마쓰시타처럼 모든 변수를 다 계산해 그 총액이 오천만 원이 넘는다고 그 사업 아이템을 포기할 수 있을까? 아마 모르긴 해도 일억 원을 은행과 보증기관에 보여주며 추가로 자금을 마련해 2~3억 원짜리 사업을 구상할 것이다. "사업을 내 돈으로만 하는 사람들이 어디 있어?"라면서 말이다.

창업 시장은 냉정한 곳이다. '혹시나'나 '어떻게 되겠지'가 통하는 곳이 아니다. 철저히 준비를 해도 온갖 변수로 나의 능력과 인내를 시험 당하는 곳이다. 아무리 철저히 준비를 한다고 해도 과하지 않은 곳이다.

창업을 결정하고 난 후에는 어느 시인의 "전쟁과 사랑에는 모든 방법이 정당하다"는 말처럼 성공적인 창업을 위해 모든 방법을 총동원해야 한다. 할 수 있는 모든 방법을 동원해 앞만 보고 최선을 다해 나가야 한다. 그러기 위해서는 정작 필요할 때 사업자금이 꼬이는 일은 없어야 한다. 자금은 집행되어야 할 때 집행되지 못하면 필요 없다. 나중에 억만 금이 들어올 계획이 있다고 하여도 필요할 시점에 있어야 된다. 꼭 명심하시기 바란다.

1) 창업 아이템에 대해 첫사랑보다 더 뜨거운 열정을 가지고 있는가?

2) 사업은 '철인3종 경기'를 매일 뛰는 강력한 체력이 필요하다.

3) 성격, 성질은 사업 시작과 함께 다 없애야 한다.

4) 사업은 고래힘줄보다 더 질긴 끈기를 가지고 진행해야 한다.

5) 창업은 가족의 지원 없이 시작하면 절대 안 된다.

6) 창업 아이템의 모든 영역에서 전문가가 되어야 한다.

7) 돈에 시달려서는 안 된다. 충분한 자금이 준비되어 있는가?

제2장

좋은 자리에 앉아라

게임을 시작할 때 유난스럽게 자리에 집착하시는 분들이 있다. "오늘은 반드시 이 자리에 앉아야 한다."며 다른 사람들은 전혀 안중에 없이 과하게 행동하시는 분들이 계시는데, 눈살은 찌푸려지지만 마냥 틀린 말은 아니다. 또한 한편으로는 게임에서의 좋은 결과를 위해 하고자 하는 것이니 무턱대고 그렇게 하지 말라는 것도 좋은 행동은 아니라 생각이 된다.

일반적으로 게임에서 자리와 관련된 말들은 고스톱을 칠 때 자리와 관련된 계명들이 많은데 '굴뚝을 등지고 앉는다', '출입구 쪽에 앉지 않는다', '열 잘 받는 놈 오른 쪽에 앉는다' 등이 있는데 나름다 충분한 이유가 있다.

먼저 '굴뚝을 등지고 앉는다.'는 적지 않은 고스톱 마니아들이 지키는 계명인데, 이는 방 안을 모두 데운 열기와 연기가 굴뚝으로 모이듯이 그 자리의 모든 돈이 자기에게로 모여 들어온다는 믿음이다. 그리고 '출입구 쪽에 앉지 않는다.'라는 불문율은 어떤 믿음보다는 출입구 쪽에 앉으면 이 사람 저 사람들이 왔다 갔다 하면서 본인의 패나 카드를 보게 된다는 현실적인 것과 함께 본인의 '기(끗발)'가 빠져나간다고 생각하는 영적인 믿음이 섞여 있는 것이다.

심심풀이로 하는 게임에서 어떻게 보면 그렇게 중요하게 생각할 필요도 없는 앉을 자리도 이렇게 중요하게 여겨 여러 계명이 있는데 큰돈 들여 인생을 투자하는 창업에 있어 앉을 자리, 즉 점포의 위치는 얼마나 중요하겠는가? 최소한 지금까지 여러분이 생각하는 것보다 훨씬 중요하다.

그럼 성공적인 창업을 위한 점포는 어떻게 준비해야 하는지 함께 알아보도록 하자.

1.
상권을 선택할 때 주의해야 할 것들은 무엇이 있나?

우리는 상권을 얼마나 이해하고 있을까?

상권에 관련된 책은 우리나라에 다 읽고 보기에 차고 넘칠 만큼 많다. 그러니 여기에서 그 책들과 같거나 비슷한 내용을 다루는 것은 큰 의미가 없다고 생각된다. 즉 상권 조사에 있어 교과서적이고 원론적인 내용들보다 실전에서 창업에 꼭 필요한데, 기존의 상권 관련 서적에서 놓치거나 비교적 덜 중요하게 다루는 내용들 그러나 반드시 알고 이해하면 실전에서 요긴하게 쓸 수 있는 몇 가지를 창업의 포인트에 맞춰 알아보도록 하자.

먼저 상권이란 무엇일까? 사전에서는 '상권이란 상업상의 세력이 미치는 범위. 곧 물자의 거래가 직접 이루어지는 지역을 말한다.'라고 기록되어 있다. 그것은 눈에 보이는 점포들이 모여 있는 장소로 보이지 않는 어떤 힘으로 연결되어 있는 곳으로, 그 힘은 상품을 구매하는 소비자들의 힘으로 결정된다고 말할 수 있다. 즉 아무리 좋은 건물과 시설들이 있다고 하여도 소비자들이 외면하는 곳은 상권으로서 가치가 없는 곳이고, 소비자들이 접근하기 어려운 곳 역시 상권으로 매력이 떨어진다 할 수 있다. 그리고 상권은 판매하고자 하는 상품과 밀접한 연관을 갖는데 객관적으로 좋은 아이템이라 하더라도 상권과 서로 맞지 않으면 큰 낭패를 보게 되는 경우가 많다.

상권은 몇 가지 중요한 특징들이 있는데 다음과 같다.

첫째, 상권은 살아 움직인다.

서울 강남의 대표 상권 중 하나로 많은 소비자들로부터 사랑을 받아 왔던 압구정 상권의 경우를 보자. 아직까지 외국산 수입 브랜드를 중심으로 고가의 상품군들은 상권의 중심 역할을 하며 외형적으로 보기에는 아직까지 건강한 상권으로 보인다. 하지만 점포를 구하고자 부동산을 방문해 보면 정말 많은 점포들이 나와 있음을 알 수 있다. 어느 점포의 경우는 바뀐 지 얼마 되지 않은 점포인데도 매물로 나와 있음을 알 수 있다. 과거 그 유명한 상권이 상권으로서의 가치가 점점 떨어져 현재는 점차 인기가 없는 상권으로 바뀌고 만 것이다. 마치 사람에 비유하면 젊은 시절을 다 보내고 난 후 나이가 들고 기력이 빠진 노인처럼 말이다. 일반적으로 상권의 발달은 산업이 발달하고 국민 소득이 올라가면 그에 비례하여 전체적으로 발달하는 게 당연한 것인데 왜 압구정 상권은 나라 전체의 발전에 비하면 역행한다는 느낌을 지울 수 없을까. 거기에는 여러 가지 복합적인 이유가 있어 한두 가지로 설명할 수는 없으나 크게 눈에 띄는 몇 가지 원인을 알아보면 다음과 같다.

먼저 인구 구조의 변화이다. 얼마 전 컨설팅 자료조사차 그 지역의 통계청 인구조사를 한 적이 있었는데 서울의 다른 지역에 비하여 60대 이상의 고 연령층이 매우 높게 나왔다. 즉 상권 배후 소비자들의 연령층이 높아지고 상품의 구매력이 있는 젊은층이 점차 줄어들면서 상권의 소비구매력이 줄어들게 된 것이다. 그렇다고 과거처럼 외부에서 지속적으로 젊은층이 유입되어 상권의 소비력을 유지시켜 주는 것도 안 되고 있다. 그것은 젊은층의 소비문화가 바뀌었다는 것이고 소비자의 소비 트렌드를 그 상권에서 따라가 주지도 못했다는 뜻이기도 하다.

그리고 또 하나 중요한 것은 우리나라 중산층의 두께가 줄어들면서 평균적인 소비의 힘이 약해져 과거의 압구정 상권의 상품 가격대의 상품들을 소비할 수 있는 소비자의 상권 방문이 줄었다는 것도 그 이유 중 하나가 되겠다.

반대로 압구정 상권에서 얼마 떨어져 있지 않은 가로수길 상권(이 상권은 전문가에 따라, 또는 상권분류 시 크기에 따라 신사역 상권으로 보는 경우도 있다)의 경우는 완전히 반대의 경우이다. 가로수길 상권은 과거 카페 중심의 점포들로 구성되어 있는 차마 상권이란 말을 붙이기도 어려운 지역이었다. 그러나 편집숍(일본의 영향으로 생긴 새로운 유통 형태)의 출현과 상권 내의 급속한 정착으로 2000년대 들어 급부상하는 상권이 되었다. 이곳 가로수길 상권에는 상권 내의 점포들 수가 워낙 한정적이어서 권리금은 해가 다르게 올라가고 있고, 그 영향으로 마주하고 있는 세로수길 상권(과거에는 거의 상가가 없었다)조차도 높은 금액으로 권리금이 형성되어 가면서 급속히 발전하고 있다.

다음으로 새로운 교통수단의 증가이다. 지하철이나 버스 등의 대중교통이 해당 상권으로 연결되며 접근성이 높아져 유동고객의 증가로 인하여 상권이 급격히 발달하는 경우이다. 이런 변화는 특히 지하철의 개통으로 이루어지는데, 서울의 경우 지하철 유동인구와 상권의 변화는 필수불가결의 관계가 있다고 할 수 있다. 많은 곳이 있는데, 홍대 상권의 예를 들어 보자. 홍대 상권은 서울의 주요 대형 상권으로 많은 젊은층이 선호하는 상권이다. 홍대 상권은 80년대 2호선의 개통과 함께 많은 유동고객으로 인하여 상권이 급격히 커진 대표적인 상권인데, 홍대 정문을 중심으로 좌우측과 그 이면 도로를 중심으로 상권이 형성되었고, 6호선 개통 이후 합정역과 상수역 방향으로 급격히 상권이 확장되었다. 홍대를 중심으로 상권이 형성되어 있을 때는 지금의 합정역 주변은 상권으로 가치가 약했던 곳이고 상수역 주변은 아예 상권이란 말을 사용할 수 없었던 곳이었다. 그러던 곳이 지하철역 덕분에 서울, 아니 대한민국을 대표하는 상권으로 편입된 것이다.

예를 들어 몇 가지 이유로 인한 상권의 변화를 적어 보았으나, 상권은 상주인구의 변화, 유동인구의 흐름, 시대에 따른 소비자들의 구매취향의 변화, 소비 트렌드의 구조적 변화, 주변 상권의 영향 등 기타 여러 가지 이유들로 인해 살아있는 생명체처럼 끊임없이 변화한다. 그리고 과거에는 서울이나 부산 등의 대도시를 중심으로만 상권이 발달했다면 지방자치제의 발달과 국민소득의 증가,

정권의 교체 등으로 인하여 지방의 많은 도시들에서 여러 상권들이 급격히 성장하고 있다. 아울러 새로운 지역의 발전만큼이나 재래시장 주변의 많은 지역과 구 상권의 쇠락은 어쩔 수 없는 시대의 흐름이 되고 말았다.

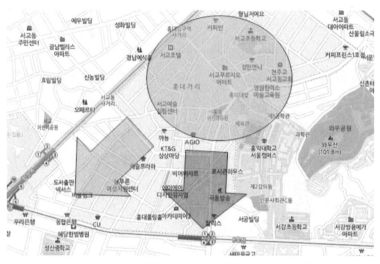

<홍대 상권의 확장 경로>

그러므로 창업을 위해 상권을 조사할 때는 이런 부분을 충분히 숙지하여 내가 창업하고자 하는 업종이 빠르게 변화하는 상권 속에서 얼마만큼의 생명력을 가질 수 있는지를 판단하는 것이 중요하다고 말씀드릴 수 있다.

둘째, 상권과 창업 아이템은 궁합이 맞아야 한다.

동대문 상권이나 남대문 상권처럼 그 상권이 도매업(소매업의 기능도 있음)의 기능을 갖고 있는 특별한 경우를 제외하고, 일반적으로 대도시의 대형 상권의 경우 상권 내에 여러 업종이 서로 어울리며 상권으로서 기능을 갖고 있다.

이런 대형 상권의 경우는 창업하고자 하는 어떤 업종이라도 대부분 큰 고민을 하지 않더라도 상권과 창업 예정 업종의 아이템이 어울릴 수 있다. 그러나 이런 상권에서의 창업은 엄청난 자금이 들어가므로 여기서는 논외로 하기로 하자.

그에 반하여 중형상권들은 보통 음식 중심의 상권, 의류 중심의 상권, 술집 등 유흥업 중심의 상권, 쇼핑몰 중심의 상권, 재래시장 중심의 상권, 아파트 내에 위치한 근린상가 상권, 그리고 가장 많이 볼 수 있는 신변 잡화 중심의 상권 등으로 나눌 수 있고, 각 상권들은 보통 다시 2~3개의 소형 상권으로 나눌 수 있다. 창업 업종의 아이템은 이렇게 나뉘는 각 소형 상권의 업종들과 어울리는 아이템이어야 실패의 확률을 줄일 수 있다. 상권 속에서 전혀 생뚱맞은 아이템은 창업 후 자리 잡기가 매우 어렵다. 그 이유는 그 상권을 찾아오는 소비자들은 그 상권의 대표적인 업종을 위한 목적 방문인 경우가 많기 때문이다. 설령 소비자들이 순수한 유동고객들이라 할지라도 그들을 해당 업소로 유인하기에는 많은 어려움이 따른다.

또 반대로 본인은 오랫동안 그 자리에서 계속 잘 영업을 해 왔으나 주변의 점포들이 점차 바뀌어 그 점포가 주위의 점포와 어울리지 않는 경우도 많다.

예를 들어보자. 얼마 전까지 숭실대학교 입구 상권 중 정문에서 상도역 쪽으로 버스 정류장 앞(이 곳은 숭실대학교의 입구 언덕으로 인해 상가가 몇 개밖에 없는 곳이다)의 예다. 이곳은 상권으로 말하기 어려운 곳이지만 그래도 유동고객으로 조금씩 발전하는 곳이다. 과거 이곳의 8~9개의 점포들은 전형적인 근린 업종으로 사진관, 철물점, 복사집 등이 있었으나 점차 바뀌면서 핸드폰, 닭 강정, 피자, 화장품 등으로 바뀌어 나중에는 바뀌지 않고 끝까지 영업하던 철물점이 주변의 상가들과 전혀 어울리지 않게 되었다. 본인은 그 점포가 언제까지 영업을 할까 궁금했는데, 결국에는 얼마 지나지 않아 수입과자점으로 바뀌는 것을 보게 되었다. 이와 같이 창업은 그 상권과 궁합(어울림)이 잘 맞아야 하고, 소비자들은 자연스럽게 그것을 피부로 알고 있다.

셋째, 지금 내가 살고 있는 집과 창업 준비 상권은 전혀 상관없다.

창업 강의를 나가 질문을 받는 내용 중, 그리고 점포를 구입해 창업 준비를 하시고자 하는 예비사장님들로부터 듣는 가장 안타까운 질문 중 하나는 "지금 내가 살고 있는 곳이 어디인데 어느 곳(상권)에 점포를 얻는 것이 좋을까요?"이다.

우리가 창업을 준비하면서 실제 가장 착각하기 쉬운 것이 내 주소지가 어디이니 이곳과 가까운 곳을 찾아 창업을 하고자 하는 마음이다. 물론 자녀가 아직 학교(특히 대학 입학 준비에 예민한 고등학교에 다님)를 다닌다거나 창업하는 아이템이 그동안 알아왔던 점포 주변 지인들의 도움이 절실히 필요한 아이템일 경우는 조금 다르지만 거의 대부분 그런 문제와 창업 예정 상권과는 별 상관이 없는 경우가 보통이다.

　그런데도 우리는 현재 나의 주거지와 창업 예정 상권을 연관 짓는 우를 범한다. 예전에 이 부분이 궁금했던 시절, 어느 심리학을 전공하신 분과 교제의 자리가 있어 대화를 나누어 본 적이 있다. 그것에 대해 그분은 재미있는 결론을 내리셨다. 말씀인즉 우리나라 사람들이 조상 대대로 오랜 시간 농업을 하면서 정착생활을 한 연유로 우리들의 내면에 정착에 대한 욕구가 있어 21세기에 이르러서도 현재 내가 거주하는 곳에 대한 집착이 그와 같은 모습으로 나타나는 게 아닐까 생각한다는 것이다. 저자는 나름 일리가 있는 것 같다고 동의한 적이 있다.

　좋은 상권을 잘 선택해 창업하는 방법 중 하나는 내가 준비하는 업종의 아이템과 객관적으로 가장 어울린다고 판단되는 상권을 찾는 것이고, 또 그 곳 중 가장 고객이 찾아오기 쉬운 자리를 찾아 창업하는 것이다. 그리고 그 점포가 자리를 잡게 되면 그때 가서 그곳으로 이사를 하면 되는 것이다. 다시 간곡히 말씀드린다. 지금 내가 살고 있는 주거지와 창업 예정지는 상관이 없다는 것을 잊지 마시기 바란다.

넷째, 상권 조사를 오해하는 경우가 많다.

우리는 예비창업자부터 전문가들까지 창업을 하거나 기존 매장을 옮기거나 무슨 조사를 하거나 흔히 상권 조사를 한다고 말한다. 맞는 말이다. 상권 조사를 한다는 것은 상주인구 조사(상주인구는 지역 내 거주자, 업태별 직장 사업체수, 각 업태별 상주인구 등을 조사), 유동인구 조사(상권 내의 주요 입지별로 시간별, 요일별, 계절별 유동인구를 남녀 구분하여 연령별로 구분 조사), 로드사이드 업태 업종별 점포의 숫자, 창업 대상 경쟁 업체별 (예상)매출액, 상권 주변의 도로 높낮이, 주변 도로의 차선 수, 시간별 차량 이동 숫자, 대중교통의 정도(지하철 유무, 노선버스 노선 수, 추가 계획 유무(경전철, 마을버스 등)), 상권의 재개발 계획 등을 토대로 조사대상 상권의 파워(현재 어느 정도 발전되어 있고, 앞으로 얼마나 발전이 가능하겠는가?) 등을 조사하는 것을 말한다.

또한, 상권 조사를 한다는 것은 해당 상권 하나를 조사한다는 것도 되지만, 조사 대상 상권과 비교가 되는 또 다른 상권들을 조사한다는 것까지 포함된다. 그것은 대형 프랜차이즈 업체나 유통업체, 정부기관들이 필요에 따라 조사하는 상권조사, 즉 많은 인력과 시간, 돈이 들어가는 조사로 보통의 창업자들이 조사 할 수 있는 영역은 아니라고 생각된다.

상권이라는 큰 '덩어리'를 한 개의 점포를 위하여 조사한다는 것은 필요 이상의 힘을 빼는 것이기에 창업을 준비하시는 예비사장님들은 상권조사 시 기존의 정부기관 특히 중소기업진흥원에서 조사해 놓은 상권조사서를 먼저 활용하라고 권해 드린다. 그리고 그 상권이 현재 준비하고 있는 업종의 아이템과 어떻게 연관되고 어울리는지를 먼저 조사 검토한 후에 입지조사를 하면서 맞춰 보는 것이 좋다고 권해드린다. 그러면 많은 시간이 절감될 수 있다. 창업을 하고자 하면 이것저것 챙겨야 할 것들이 많으므로 시간적으로도 여유를 가질 수 있으면 좋다.

다시 말씀드리면 '상권 조사의 오해'는 구체적인 수치를 조사하는 데 필요 이상의 시간과 정력을 낭비하지 말기를 바란다는 의미이지 조사 자체를 하지 말라는 뜻은 절대 아니다. 창업을 하는데, 상권을 조사하지 않고 어떻게 준비를 하겠는가?

일반적으로 창업과 관련하여 개인이 상권 조사를 할 때는 다음과 같은 중요한 몇 가지를 점검하고 접근하면 성공적인 창업을 할 수 있다고 말씀드릴 수 있다.

1) 언덕 위 상권

서울뿐 아니라 지방의 많은 상권에 언덕이 있다. 이는 산이 많은 우리나라의 지형 특징 상 어쩔 수 없다. 이로 인하여 주요 도시의 상권마다 언덕이 많은데 상권에 언덕이 있는 경우는 무조건 피하는 것이 좋다. 서울의 역삼역 상권처럼 상권 자체가 큰 언덕에 위치한 특별한 경우를 제외하면(본인은 이런 경우라도 무조건 피한다) 언덕에 위치한 상권은 피하는 것이 좋다. 이유는 간단하다. 소비자들은 높은 곳을 올라가는 것은 기피하기 때문이다. 과거와 다르게 자동차를 이용한 소비가 늘어 이런 언덕 위 상권의 위험도도 낮아지기는 하였으나 주의를 기한다고 나쁠 것은 없고 더군다나 처음 사업을 시작하시는 분들이라면 다른 곳도 좋은 장소가 많다는 것을 잊지 말고 여유 있게 생각하시길 권한다.

2) 연속성이 없는 상권은 피한다

상권이란 상권끼리 연계성을 갖는 것이 보통이다. 쉽게 말해 상권과 상권끼리 최소한의 점포나 상가 등으로 연결되어 있어 소비자의 시각에서 보면 자연스럽게 이쪽 상권에서 다음 상권으로 이동한다는 느낌을 받는다. 상권의 연속성이란 연결되어 있는 상권이 마치 하나라는 인식이 들 뿐만 아니라 소비자들에게는 자신들이 선택할 수 있는 선택권이 많다는 인상을 주게 된다. 반대로 연속성이 없는 상권은 상권으로 소비자를 끌어들이는 흡입력이 떨어진다는 착각을 주게 된다. 그것은 주변에 상대적으로 큰 대형 상권이 있을 경우는 더 확연히 드러난다.

예를 들어 보면 장지역 상권의 경우 문정지구도시개발지구라는 좋은 위치와 이웃해 있으나 이곳의 개발이 늦어지며 안 그래도 서

울의 외곽에 위치한 한계와 함께 연속성이 없는 전형적인 상권이 되었다. 장지역 상권은 가든파이브란 대형 유통업체가 있음에도 불구하고 주변의 다른 상권과의 연계성이 떨어지며 고객들을 그 상권으로 끌어들이는 데 한계가 드러나고 있다. 하지만 추후 주변 지역의 개발이 진행되면 장지역 상권은 거대 아일랜드 상권의 대표 주자가 될 것이다.

3) 해당 상권 가까이 대형 상권이 있을 경우

대형 상권 주변의 중소형 상권을 선택할 경우는 각별히 주의해야 한다. 이 경우는 크게 두 가지로 나눌 수 있다

첫째, 대형 상권 중 상권으로 고유한 특징을 가지고 있는 상권과 주변 상권의 경우이다. 예를 들면 명동 상권 남대문 상권 등과 주변 상권인 시청 앞 상권, 충무로 상권 등을 예로 들 수 있다.

명동이나 남대문 상권의 경우, 의류나 잡화, 화장품 업종들이 중심이 되어 도매의 기능과 함께 외국인들을 모을 수 있는 강력한 상권의 힘을 가지고 있기 때문에 주변의 상권에서 이와 비슷한 업종들로의 창업은 어울리지 않는다. 당연히 자연스럽게 음식업, 유흥주점 등을 중심으로 상권이 이루어져 있다. 물론 이 상권은 정형적인 오피스 상권이므로 그와 같은 업종들이 자리를 잡기가 수월하다는 것도 있다. 이런 장소의 상권은 대형 상권 옆이라 하더라도 충분히 가능하다. 다만 이런 곳의 상권은 높은 임대료로 인해 창업이 쉽지 않다는 점은 참고로 말씀 드린다.

둘째, 상권으로서의 특징이 크게 두드러지지 않는 대형 상권 옆의 중소형 상권의 경우이다. 예를 들면 서울시의 남서쪽 대형 상권인 신림역 상권과 서울대입구역 상권 사이에 위치한 봉천역 상권의 경우이다. 신림역 상권과 서울대입구역 상권은 하루 지하철 이용객이 10만 명이 넘는 대형 상권이지만 앞서 알아본 명동이나 남대문 상권과는 다르게 유흥업과 외식업이 중심이 되는 보편적인 복합 상권이다. 이런 대형 상권 옆의 봉천역 상권의 경우 어떠한 상권의 상대적 우월성도 가지고 있지 못하다. 당연히 두 상권에 대하여 경쟁력을 갖추지 못하고 있으므로 이런 상권에서의 창업은 특별한 경우를 제외하고는 피하는 것이 좋다.

4) 대형 분양 상가 중심의 상권

주로 신도시를 중심으로 이와 같은 상권이 많다. 택지를 조성한 후 상가건물과 아파트를 중심으로 상권이 형성된 곳인데, 이런 곳의 특징은 영업이 극과 극을 이루는 경우가 많다. 즉 활성화가 잘되어 있는 상가의 점포는 높은 매출을 보이는데, 그렇지 못한 상가의 경우 임대료 내기도 바쁜 곳이 많다. 소매업의 특징 상 점포의 위치만으로 성공적인 창업이 결정되는 것은 아니지만, 이런 곳에서의 창업은 나중에 영업을 중지하고 철수하기에도 많은 어려움이 따른다. 그런데 이런 상권의 점포 영업 권리금은 타 상권의 권리금에 비하여 상대적으로 더 높게 형성되어 있다. 그것은 아무래도 점포의 선택권이 부족하기 때문이라 생각된다.

또한 활성화되어 있지 않은 곳일수록 상가의 공실률이 높은데, 공실률이 높은 곳은 더 각별히 주의를 요한다. 가끔 그 점포를 소개하시는 분 중에 나중에 활성화가 되면 높은 권리금을 받을 수 있다고 설득하시는 분들이 계시는데, 물론 그렇게 될 수도 있으나 그때까지 적지 않은 시간이 걸리는 경우가 대부분이고, 아예 그 수준까지 이르지 못하는 상가들도 많으니 각별히 주의해야 한다.

5) 상권 내의 도로 맞은편에 상가가 없는 상권

상권 조사를 하다 보면 도로(2차선이나 4차선 도로뿐 아니라 차선이 없는 이면도로 포함) 맞은편에 상가가 없는 상권들을 만날 수 있는데 이런 상권들도 각별히 주의해야 한다. 이런 상권들의 유동고객을 조사해 보면 상대적으로 많이 떨어지는 것을 알 수 있다. 주간뿐 아니라 야간의 경우는 더 떨어지는 것이 보통이다. 경우에 따라 그런 곳 중 임시 주차장으로 활용하여 영업에 도움을 주는 곳이 있는데 이런 경우에도 그 상권의 선택에는 신중을 기하는 것이 좋다.

6) 베드타운 상권

창업을 하고자 상권을 조사하다 보면 준비되어 있는 자금이 넉넉하지 못해 큰 상권을 비켜가 점차 작은 상권으로 가게 된다. 그런데 그런 마음과 현상은 어쩔 수 없다고 하여도 영업이 어려운 베드타운의 상권을 선택하면 곤란하다. 왜냐하면 베드타운의 상권은 주중 낮 시간대의 매출을 전혀 기대하기 어렵기 때문이다. 아이템이 저녁 장사를 할 수 있는 업종의 아이템이라면 모를까 일반적인 업종은 주의를 요한다. 외형적으로는 그럴듯해 보이는 아파트 상가라 하더라도 서울 외곽이나 지방의 신규 아파트 단지 중 이와 같은 베드타운이 중심이 된 상권이 의외로 많다. 구별하는 방법은 출퇴근 시간대와 낮 시간대의 유동고객을 조사하면 알 수 있고 지하철역과의 거리를 참고하거나 일반 버스의 노선 수를 세어 보면 쉽게 알 수 있다.

7) 행정 구역은 상권 조사에 큰 의미가 없다

상권 조사를 하다 보면 특별한 고정관념에 빠지는 경우가 많은데, 그중 하나가 행정구역으로 나뉘는 곳의 조사이다. 이런 곳은 서울의 강남 지역이나 신도시 등 재개발 지역보다는 서울 사대문 안의 상권이나 영등포나 관악구, 지방의 주요 도시, 옛 행정지역의 지역에서 많다.

예를 들어 당곡사거리 상권을 보면 신대방동, 신림동, 보라매동, 봉천동 등이 서로 얽혀 있는 행정구역이다. 이런 지역의 상권을 통계 등으로만 조사를 하다 보면 그 자료가 현실성이 떨어지는 자료가 나올 수밖에 없다. 그러므로 행정구역으로 복잡하게 얽혀 있는 상권에 대한 조사는 실제 현장에서 필요한 조사를 실시하여야 시행착오를 줄일 수 있다.

상권 선택의 팁
상권 선택 시 주의 사항

1. 상권은 살아 움직인다는 것을 이해하고 선택해야 한다.

2. 상권과 창업 아이템은 궁합이 맞아야 한다.

3. 지금 내가 살고 있는 집과 창업 준비 상권은 전혀 상관없다.

4. 상권 조사는 기존의 자료를 먼저 서면 조사 후 현장으로 간다.

5. 언덕 위 상권의 선택은 각별히 주의한다.

6. 연속성이 없는 상권은 피한다.

7. 해당 상권 가까이 대형 상권이 있을 경우 주의한다.

8. 대형 분양 상가 중심의 상권을 선택할 때 주의를 요한다.

9. 상권 내의 도로 맞은편에 상가가 없는 상권은 선택에서 제외한다.

10. 베드타운 상권은 가급적 피한다.

11. 행정 구역은 상권 조사에 큰 의미가 없다.

2.
좋은 자리는 좋은 입지이며
어떻게 찾아야 하는가?

먼저 많은 분들이 상권 조사와 입지 조사의 개념을 혼동하신다. 예를 들어 창업 예정 점포를 알아보면서 "창업할 점포를 찾으러 상권 조사 간다."라고 말들을 하신다. 큰 범위에서는 틀린 말이 아니다. 그러나 앞에서 알아보았듯이 대부분의 창업 예정자들이 창업하기 위하여 조사하는 것은 창업 예정 상권 내에 위치한 점포를 찾는 것이지 그 점포가 위치한 상권을 조사하는 것은 아니기 때문이다.

그리고 아주 특정한 상권을 제외하고는 대부분의 창업 예정 업종의 아이템들은 어느 상권이나 창업이 가능하기 때문에 어떤 상권을 선택하더라도 크게 문제가 되지 않는다. 다만 창업의 여러 여건들로 인하여 상권의 선택에 제약을 받게 되는 것이다. 예를 들면 제일먼저 창업 시 마주치게 되는 문제인 창업 준비 자금이다. 창업 자금만 넉넉하다면야 원하는 어느 곳이든지 가능하겠지만 현실은 그렇지 못한 경우가 대부분이기 때문이다. 또 체인점으로 창업하는 경우이다. 개인적으로 어느 체인 브랜드를 선택하여 그 브랜드로 창업하고자 하더라도 자신이 원하는 상권에 그 체인 브랜드의 점포가 있을 경우 아주 대형 상권의 경우가 아니면 창업하기 어렵게 되는 것이다.

이와 같이 창업 시 어떤 특별한 여건만 아니면 어느 상권을 선택하든지 문제가 되지 않는다. 그리고 나중에 자세히 언급하겠지만 점포는 하나만의 상권에서 알아보고 협상을 하는 것이 아니니 상권의 선택이 그렇게 결정적으로 성공적인 개업에 직결 될 확률이 높지 않다는 것을 다시 말씀 드린다.

1) 입지란 무엇이고 어떻게 이해해야 하는 것이 좋은가?

여러 가지 표현 방법이 있겠으나 '상권은 원이고 입지는 그 안의 한 점이다'라고 이해하시면 좋을 듯하다. 그리고 앞에서 언급하였듯이 "창업할 점포를 찾으러 상권 조사 간다."라고 하는 것은 상권 조사보다는 입지 조사의 성격이 훨씬 더 강하다.

과거 직장생활 시절 최고 경영진의 말씀이 "상품이 좋으면 점포가 남산 꼭대기에 있더라도 고객들은 찾아온다."고 하셨는데 그 말도 나름 일리는 있다. 진짜 강력하게 소비자를 끌어들일 수 있는 아이템의 상품이면 그 점포가 어디에 있건 소비자들은 찾아오기 마련이다. 그러나 최근의 소비자 구매 행동을 보면(이 부분은 뒤에서 다시 설명함) 과거에 비하여 목적구매의 빈도가 높아졌다고 하여도 점포의 위치가 점점 더 창업의 성패를 가르는 중요한 요소로 부각되고 있다. 그로 인해 점포의 보증금과 월세, 권리금 등이 높아지는 등 좋지 않은 현상을 보이기도 한다. 예비사장님들은 이 부분에 대하여 충분한 시간을 갖고 검토 후 결정하시길 간절히 바란다.

그리고 좋은 입지를 찾고자 할 때는 '다리품'을 팔아야 한다. 사전에 컴퓨터로 충분히 검토가 되었고 또 아는 상권이라고 하더라도 걸어 다녀야만 알지 못하던 것, 눈에 띄지 않던 것들이 보이게 된다. 또 고객들의 시각에서 점포를 판단할 수 있게 된다. 그 기간은 미리 결정하지 말고 충분한 시간을 들이길 바란다. 필자의 경우는 짧게는 일주일에서 길게는 3~6개월 정도의 시간을 들여 좋은 입지를 찾는다. 그러면서 어느 정도 입지의 윤곽이 나와 선택할 때는 20~30가지의 항목을 조사한다.

여기서 그것들을 다 수록할 수는 없고 가장 중요하고 꼭 필요하나 다른 책에서 접하기 어려운 몇 가지를 선택하여 알아보고자 한다.

2) 객관적인 시각을 가져야 한다

여러 창업 예정자들이 공통적으로 범하는 실수 중 하나는 본인의 생각이나 경험에 너무 치우쳐 객관적인 시각을 갖지 못하고 주관적인 시각으로 입지 조사를 한다는 것이다. 즉 "이 정도면 경험적으로 괜찮아."라고 판단하는 일이다. 입지 조사는 어떠한 경우에도 사전에 준비가 되어 있는 체크 리스트를 만들고 조사에 들어가 그에 합당한 객관적인 점수를 매길 줄 알아야 한다. 그래서 각 항목별 점수를 모아 해당 입지를 판단해야 한다. 가끔 강의 시 이 부분에 대하여 "그 점수가 주관적이지 않는가요?"라며 질문하시는 분이 계시는데 물론 맞는 말이다. 그렇지만 계속 하다 보면 비교적 객관적인 점수를 매길 수 있다. 이렇게 본인만의 노하우를 쌓아야 다른 분에게 조언을 들을 때(특히 체인점을 할 경우, 체인 본사의 상권 및 입지에 관한 판단) 올바른 판단을 내릴 수 있게 되는 것이다. 많은 창업자들의 실패담을 들어 보면 본인의 판단보다 다른 분들의 판단을 믿고 자금을 투자한 예가 많다. 이는 그런 조언이 틀렸다기보다 창업하시는 사장님들께서 좀 더 객관적인 판단을 못하셨다고 보는 것이 옳다고 생각된다.

생각해 보시라. 적게는 몇 천만 원에서부터 많게는 몇 억 원의 돈이 들어가는데, 어떻게 모든 판단을 다른 사람에게만 맡기고 사업을 시작할 수 있겠는가?

3) 상권의 중심에 구한다

이것은 입지 조사에 있어 '바이블'이고 영원한 불문율이다. 어떠한 경우에도 점포는 상권의 중심에 구한다. 많은 분들도 이것에 대하여 아신다. 그런데 상권의 중심이 어디냐는 것을 잘 모르시는 것 같다. 그냥 상권을 크게 그리고 그 중앙을 중심이라 말하시는 분들이 많다. 소형 상권에서는 맞는 말이다. 그러나 대부분의 상권에서는 그곳이 중심이 아닌 경우가 거의 대부분이다.

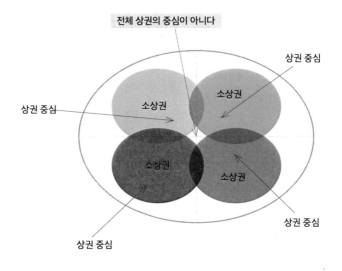

전체 상권의 중심이 아니다

상권 중심

소상권

상권 중심

소상권

소상권

소상권

상권 중심

상권 중심

일반적으로 상권이라 하면 아주 소형 상권을 제외하고, 중대형 상권 이상은 다시 2~4개(경우에 따라서는 더 늘어나기도 한다)의 소형 상권으로 나뉘는데, 그 나뉘는 상권의 중심이 해당 상권의 중심이다. 그런데 "그것을 어떻게 알 수 있는가?"라고 질문하시는 분들이 계신다. 그 답은 앞에서 말씀드린 대로 '다리품'을 파는 수밖에 없다. 상권이나 입지 조사에 문외한이신 분들이라 하더라도 하루 종일(출근 시간대, 점심 시간대, 퇴근 시간대의 유동인구 점검) 그곳을 걸어 다니시면 일주일 안에 고객의 흐름과 업종의 나뉨으로 상권 안에 또 다른 상권이 눈에 보이는 것을 경험하게 될 것이다.

다만 여기에 예외가 되는 업종들이 있다. 객 단가가 높고 그에 따라 주차장이 필요한 업종들이다. 그런 경우들을 제외하고는 항상 상권의 중심에 구한다는 것을 잊지 마시기 바란다.

그런데 여기서 중요한 질문이 하나 생긴다. '준비된 창업자금으로 그런 상권의 중심으로 갈 수 있는가?'이다. 그럼 어떻게 해야 하는가? 그럴 경우는 그 준비된 금액으로 상권의 중심으로 갈 수 있는 상권으로 가야 한다. 입지 결정에서는 어떠한 경우도 '용꼬리'보다는 '닭대가리'이다. 작은 상권이라도 상권의 중심으로 가는 것이 모든 면에서 유리하다.

이런 부분에 대하여는 다시 말씀드리지만 스스로 "이 자리 정도면 괜찮을 거야."라고 타협해서는 나중에 곤란한 상황에 처하게 되실 가능성이 높다는 것을 꼭 기억하시기 바란다.

상권의 중심 파악과 소상권으로 나누는 방법을 정리하면 다음과 같다.

- 유동고객의 흐름으로 판단

- 상권 내의 고객의 흐름이 끊기는 곳

- 상권의 배후지를 참고(주거의 형태 참고)

- 블록 형태로 자른다.

- 소상권의 점포수를 조사

- 4거리 상권은 일반적으로 4개의 소 상권으로 나뉜다(왕복 4차선 이상).

4) 상권 중심에서 유동인구를 조사한다.

진짜 두말하면 잔소리다. 이 조사만큼 매출에 정직하게 반영되고 또 꼭 필요한 조사도 없다. 유동인구의 조사에 대하여는 여러 서적에서 전문적으로 할 수 있게 자세히 기술되어 있다. 그러나 여기에서는 실전에서 활용할 수 있는 방법을 제시하고자 한다.

첫째, 상권의 중심을 찾아서 그 앞에서 조사해야 한다.

먼저 유동인구를 조사하기 위해서는 앞에서 알아본 바와 같이 상권의 중심을 찾아야 한다. 상권의 중심을 찾지 못한 상태에서의 유동인구 조사는 그 효과의 실용성이 많이 떨어진다. 해당 상권의 소상권별 상권의 중심을 찾아 그 장소를 중심으로 유동인구가 어떻게 흐르는지 조사하는 것이다.

둘째, 각 시간대별 유동인구를 조사한다.

출근 시간대 유동인구, 점심 시간대의 유동인구, 퇴근 시간대의 유동인구를 각각 조사한다. 퇴근 시간대의 유동인구 조사는 각별히 주의해서 조사해야 하는데, 특히 그 시간대의 유동인구 조사는 조사 대상 소상권으로 고객들이 어떻게 흐르는지 체크해야 한다. 즉 그곳으로 유입이 되는지 거꾸로 흘러나가는지 면밀히 체크한다. 상권이 큰 경우 그 조사 대상 상권의 각각의 소상권끼리도 경쟁이 되어 유동 인구가 평소와 다르게 흐르는데 어떤 방향으로 어떻게 흐르는지 조사해야 한다.

그리고 보통 유동인구를 조사하는 시점에서는 창업할 업종과 아이템이 결정된 뒤인 경우가 많다. 그래서 본인이 원하지 않는 시간대의 유동고객 조사를 실시하지 않는 경우가 많은데, 그래도 꼭 전체 시간대별 조사를 실시하는 것이 좋다. 이는 후에 마케팅에 사용하는 등 여러 가지로 활용할 기회가 생긴다.

셋째, 요일별 유동인구를 조사한다.

유동인구를 조사하다 보면 생각보다 쉽지 않다는 것을 알게 된다. 또한 귀찮게 느껴져 적당히 조사하는 경우가 많다. 설령 자세히 조사했다고 하더라도 그것을 다음날 또 조사하게 되면 정말 지치고 하기 싫어진다. 그러나 유동인구는 요일별로 꼭 조사해야 한다. 조사해 보면 같은 지역인데 요일별로 유동인구의 흐름이 다르다는 것을 알게 된다. 그리고 주중과 주말 특히 토요일과 일요일의 유동인구 조사를 면밀히 하여야 한다. 요즘은 과거와 다르게 주 5일 근무가 정착되어 오피스 중심의 상권에서는 토요일의 유동고객이 급격히 줄어드는 곳이 많다. 그리고 이 조사는 점포의 휴무일 결정과도 관계가 있으니 주의하여 조사한다.

넷째, 성별 유동인구를 조사한다.

성별 유동인구를 꼭 조사해야 한다. 요즘은 여성의 사회 진출이 많아 여성을 대상으로 하는 별도의 마케팅 전략이 어느 점포나 꼭 필요하다. 그러므로 조사 대상 인력을 늘리는 한이 있더라도 자세히 조사를 한다. 실전에서의 조사 '팁'을 한 가지 알려 드리면 수동 숫자 계수기를 준비(경우에 따라 2개)하여 조사하면 수월하게 조사할 수 있다.

5) 얼마나 소비자의 눈에 잘 띄는가?

좋은 입지의 점포는 눈에 잘 띄어야 한다. 개점 후 점포가 자리를 잡고난 뒤에는 고정고객을 대상으로만 영업하는 업종의 경우 그렇게 중요하지 않다고 반문하실 수 있으나 이 항목은 창업하시는 사장님들이 영업 기간에 고객들이 찾기 쉬워 영업에 유익하다는 것뿐 아니라 먼 미래에 언제인가 점포를 정리할 때 권리금과 밀접한 관계가 있는 항목이다. 그러므로 나의 시각이 아닌 제 3자의 시각으로 냉정히 판단하여야 한다.

이 항목의 판단과 관련해서 많이 갈등을 겪게 되는 것이 있는데, 매장의 전면이 넓은 것과 좁고 깊은 것 중 어느 것이 좋으냐의 문제이다. 일반적으로는 매장의 전면이 넓은 것이 매출이나 마케팅 등 여러 면으로 유리하나 업종에 따라 전면이 좁고 안으로 깊은 매장이 더 좋은 경우도 있다. 예를 들면 여성 란제리 등 내의류의 경우 안으로 깊은 것이 더 도움이 된다. 내의류를 선택할 때는 본능적으로 다른 사람들의 눈에 띄지 않는 것을 원하기 때문이다

다만 이를 판단할 때에는 임대료와의 연관성을 잘 따져 보아야 한다. 즉 전면이 넓은 점포 일수록 비슷한 조건에서 임대료가 높은 경우가 많은데, 더 많은 임대료의 수준이 얼마나 매출 증대에 도움이 될까를 충분히 검토하여야 할 것이다.

그리고 매장의 전면으로 얼마나 햇빛이 잘 들어오는지도 중요하다. 햇빛이 아주 안 들어오는 북향도 문제이지만, 너무 많이 들어오는 곳도 피하는 게 좋다.

6) 중개업자는 1~2명

점포의 거래는 아주 특별한 경우를 제외하고는 점포를 얻고자 하는 매수자와 점포를 팔려고 하는 매도자가 직접 거래하는 경우는 드물다. 그리고 그렇게 직접 거래할 경우가 생긴다고 하여도 중간에 부동산을 통하여 거래하는 것이 옳다고 할 수 있다. 그 이유는 점포의 거래는 권리금 계약이 먼저 이루어진 후 건물주와의 점포 임대차 계약의 순으로 이루어지는 게 보통인데, 그 과정에 여러 돌발 변수가 많이 발생하고 그에 따른 법적인 문제가 생길 수 있기

때문이다. 그리고 막상 신문이나 전문 사이트를 이용하는 직거래를 진행해 보면 대부분 부동산에서 연락이 오는 경우가 많다. 또한 직거래의 가장 큰 약점은 해당 점포가 '공중에 뜬다'는 점이다(이럴 경우 후유증이 커 점포를 거래하기가 많이 힘들어진다). 그래서 다소 시간이 걸리더라도 상권 내의 부동산 사무실을 통해 거래하는 것이 가장 일반적이고 그렇게 거래가 많이 이루어진다.

성공적인 창업을 위한 좋은 점포를 얻기 위해서는 그런 좋은 점포를 많이 보유하고 있는 부동산 중개인을 만나야 한다.

그럼 그런 중개인들을 어떻게 해야 만날 수 있는가?

입지 조사를 위해 계속해서 '다리품'을 팔다 보면 활동적이면서도 경력과 연세가 있으신 중개인을 만날 수가 있는데, 필자의 경험으로 보면 그런 분들과의 거래에서 좋은 결과가 많았다. 좋은 결과가 많았다는 뜻은 그 거래의 진행이 부드럽게 필자가 원하는 대로 된 경우가 많았다는 뜻도 되지만, 그런 분들에게 좋은 점포가 많았다는 뜻이다.

계약 후 자연스럽게 알게 된 내용인즉 그분들은 본인에게 맡겨진 물건(점포)을 이리저리 돌리지 않고 꼭 필요한 분들만 찾아 거래를 성사시키고자 노력했다는 사실이다. 그리고 주변 분들은 그런 분들의 그런 성품과 실력을 믿고 점포의 거래를 맡겼던 것이다. 점포를 팔고자 하는 업주들 입장에서는 그런 중개인들에게 본인들의 점포를 맡기고픈 마음이 드는 게 당연한 것 아닌가 생각해 보았다.

좋은 조건의 매장은 의외의 곳에 있고 그런 매장일수록 이 부동산 저 부동산으로 돌아다니지 않는다. 그러므로 점포의 중개인은 신중하게 선택하시고 1~2곳 이상 여기저기 나와 있는 점포 중에는 좋은 점포가 드물다는 것을 알아 두시기 바란다.

7) 그 자리에서 오래 영업한 세입자의 점포를 찾는다.

좋은 점포일수록 세입자와 건물주의 관계가 좋은 곳이 많다. 이런 매장들은 세입자들이 오랜 기간 영업을 해온 매장들이다. 또 이런 매장의 특징은 상권 내의 다른 점포들보다 임대료가 많이 저렴하다.

두 곳의 예를 들어 보고자 한다. 필자가 과거 서대문에서 피자 사업을 한 적이 있었다. 그 장소는 계약 전 남성의류 매장이었는데 그 업주가 약 6년간 영업하던 자리였다. 건물주께서는 점포 계약을 할 때 "내가 이 건물을 산 지 15년 되었는데 자네가 3번째 사람이라네. 집세 많이 올리지 않을 테니 열심히 해서 돈 벌어 나가게나. 한 10년만 하게나." 나는 속으로 '10년씩이나 한 자리에 있으라고 그러시나…'라고 생각했는데, 정말 그분의 말씀대로 10년간 영업을 하고 나왔다. 그런데 그 건물주 말씀처럼 집세가 10년 동안 10만 원 올랐다. 그냥 10만 원만 오른 것은 아니었다. 중간에 30만원이 올랐다가 경기가 어려워지며 다시 20만 원을 깎아줘 10만 원만 오른 꼴이 되었다. 그때 그분은 필자에게 "나중에 점포를 팔 때는 집세를 절대 말하지 말고 먼저 나와 상의를 하게나. 그때 집세를 올릴 테니."라고 말씀하셨다. 여러 사람들이 "그런 사람이 어디 흔하냐. 그런 경우가 얼마나 된다고…"라며 이의를 제기 하시곤 한다.

그래서 다른 예를 하나 더 들어 보고자 한다. 몇 년 전 체인 사업을 시작하는 브랜드의 메인 매장을 구해 드린 적이 있었다. 계약 후 시장 조사와 입지 조사를 시작한 약 한 달의 시간이 지날 때쯤 강남의 중요 상권에서 좋은 입지를 찾게 되었다. 그 자리는 약 15년을 한 사업체(제과점)가 영업한 점포였다. 해당 상권의 소상권의 중심에 위치해 있고 지하철의 유동인구가 흐르는 주요 길목이었다.

그리고 무엇보다 그 입지는 같은 상권의 비슷한 점포의 약 60% 정도의 임대료만을 내는 곳이었다. 점포 권리금 계약을 마친 후 점포 임대 계약서를 작성하게 되었다. 그때 나는 계약서 작성 시 많은 금액으로 임대료가 오를 수 있다고 걱정을 했었다. 그러나 그 건물주께서는 30만 원만 올리겠다고 말씀하셨다. 나는 고맙기도 하고 한편으로 궁금하기도 해서 건물주께 "어떻게 이런 낮은 임대료를 받으실 수 있는지요?"라고 물어 보았다. 그때 그분의 대답은 과거 필자가 영업하던 건물주와 비슷한 대답을 하셨다. 그렇다. 건물주 중에는 세입자가 자기 건물에 들어와 잘 돼 돈 벌어 나가길 원하시는 분들이 계신다. 물론 그런 분들이 많지는 않다. 그러나 그런 좋은 입지의 점포들이 곳곳에 숨어 있다. 그런 자리일수록 집세가 상대적으로 싸고 세입자가 잘 바뀌지 않는다. 그런 자리를 찾아 창업해야 한다. 그런 자리가 그냥 내게 생기지 않는다. 많은 시간과 노력이 따라야 됨은 불문가지이다. 그러나 반드시 그런 점포가 있다.

여기서 알아 두셔야 할 게 하나 있는데, 저나 15년 영업하신 그 세입자의 공통점이 있다. 집세는 단 한 번도 날짜를 어긴 적이 없었다는 것이다. 제 경우는 집세를 드리는 날뿐 아니라 시간도 늘

오전에 보내드렸다.

8) 매장 앞 계단은 곤란하다.

앞서 상권 조사 시 언덕이 있는 상권은 피해야 한다고 했다. 그이유로 소비자들은 높은 곳으로 올라가는 것을 싫어한다고 말씀을 드렸다. 비슷한 이유로 점포 앞의 계단이 많으면 소비자들은 외면하고자 하는 마음이 무의식중에 들어와 그 점포를 피한다. 만약이 말이 믿어지지 않는다면 입지조사 시 매출 부진으로 부동산에나와 있는 점포들을 눈여겨보시기 바란다. 상당수의 영업 부진 점포들 중 적지 않은 점포들에서 매장 앞에 계단이 있다는 것을 발견하게 될 것이다.

그럼 계단이 몇 개가 있는 것까지는 괜찮을까?

경험적으로 3개 이상은 곤란하다고 말씀드린다. 3개가 있는 점포 중 영업이 활성화 되어 있는 매장들이 많아 꼭 그 숫자로 결정해 그 이상은 안 된다고 말씀드리는 것은 아니다. 다만 처음 결정할 때 여러 가지 점검 항목 중 다른 것들은 좋은데, 계단이 3개일경우는 그래도 긍정적 검토를 해 볼 수 있다는 것이다. 그런데 다른 조사 대상 항목들도 낮은 점수인데 '매장 앞 계단도 3개이다.'라고 하면 아예 대상에서 제외해야 한다는 것이다.

필자에게 어떤 경우에 어떻게 판단하느냐고 물어보시는 분들이계시는데, 필자는 "저의 경우 계단이 3개 이상이면 무조건 제외시킨다."고 말씀드린다. 또 계단은 그런 이유 외에도 다른 이유가 있다. 바로 미끄럼 사고이다. 소매 영업을 하다 보면 생각지도 않은 사고들이 발생하여 점포 대표 입장에서 난처한 경우가 생기는데, 그 중 고객들의 미끄럼과 관련된 안전사고가 적지 않다. 계단은 물기가 있을 때 미끄럼 사고의 위험성이 높아진다. 특히 동절기에는 매우 높은 위험성을 안고 있음을 기억하시기 바란다.

9) 상품의 판매 단가가 낮을수록 대로변

너무나 보편적으로 많은 분들이 아시는 내용이어서 이 책에 언급을 하는 것이 좋을까? 하고 한참 고민했으나, 워낙 중요한 내용이어서 작성하고자 한다.

소매 영업은 매출, 매출이익률, 회전율 순으로 관리하시는 것이 가장 좋다. 그러나 경우에 따라서는 순서가 바뀌어야 하는 경우도 많이 발생한다. 매출이나 이익률을 무시하고 빨리 상품을 회전시켜(조금 손해를 보더라도 자금을 빨리 회전시켜 그 전 상품 영업의 손해를 커버해야 하는 경우로, 농산물에서 많이 볼 수 있다)야 하는 경우도 많고 이익률과 회전율을 같이 생각해야 하는 경우도 많이 볼 수 있다.

그중에서 특히 판매 단가가 낮은 상품(떡볶이, 어묵, 순대, 풀빵, 와플 등 우리 주위에서 많이 볼 수 있는 아이템)이거나 매출이익률이 낮은 상품의 경우(소매업보다는 도매업종에서 많이 일어남)는 회전율로 승부를 봐야 하는데, 이 경우 유동고객이 많은 장소에서 창업을 하여야 한다.

상품 회전율 = 월 매출/월 평균 재고(기초재고 + 기말재고 ×1/2) ×12

(우리나라는 1년 개념으로 12를 곱한다)

공식은 조금 복잡해 보이나 간단하다. 돈을 벌려면 회전율을 높여야 한다. 회전율을 높이기 위해서는 필요 이상의 재고를 가져가지 말아야 한다. 또 거꾸로 너무 회전율만을 생각하다 보면 꼭 필요한 상품을 준비하지 못해 판매 기회를 놓치는 우를 범할 수도 있다. 업종이나 아이템별로 적정 회전율의 수치가 있으나 그것보다는 관심을 갖고 꾸준히 관리하다 보면 그 점포에 꼭 맞는 수치를 찾아내 최고의 매출과 이익률을 올릴 수 있게 되는 것이다. 그만큼 회전율은 중요하다고 말씀드릴 수 있다.

그런데 예비 창업자 중 준비 자금이 부족하다고 회전율로 승부를 봐야 하는 아이템임에도 유동고객이 적은 이면도로에서 애쓰시는 분들을 보게 되는데, 만약 이 책을 읽고 계시는 분들 중 그렇게 할 수밖에 없는 상황에 놓이신 분들이 계시다면 창업을 중지해 주시길 간곡히 부탁드린다. 꼭 당장 무엇이라도 해야 될 상황이면 아주 허드렛일을 하는 일이 있다 하더라도 그와 같은 창업은 안 된다는 것을 잊지 말기 바란다.

이와 같은 모양으로 창업 후 정말 이러지도 저러지도 못하는 상황에 놓여 어떻게라도 해달라고 필자에게 도움을 구하시는 분들을 여러분 만났다. 그분들 중에는 이런 내용을 모르시고 창업 후 어려움을 겪으신 분들이 계시는가 하면, 필자의 강의를 듣고도 이런 상황으로 내몰려 고통을 겪는 분들도 계셨다.

성공적인 창업을 위해서는 꼭 지켜야 할 것들은 지켜야 한다. 상품 회전율이 중요한 아이템은 다소 무리가 되더라도 유동고객들이 많은 지역, 즉 대로변에 그리고 이면도로라도 많은 고객이 지나다니는 곳에 점포가 위치해야 한다는 것을 잊지 마시기 바란다.

10) 상권 내의 유동인구가 흐르는 비밀 동선을 찾아라.

흔히 입지 조사에서 고객의 흐름, 즉 입지의 접근성을 말할 때 지하철의 주요 출입구 유동고객이나 버스 정류장을 중심으로 대로변의 유동고객, 그리고 상권 내의 주요 건물이나 학교, 관공서 등을 중심으로 유동인구의 흐름을 체크하고 고객의 입지 접근성을 판단하는 경우가 원칙이다. 입지 조사뿐 아니라 상권 조사에서도 유동고객의 흐름이 점포나 상권 선택의 큰 주요 결정 사항 중 하나이므로 당연하다 하겠다. 그래서 유동고객 조사는 조사를 주관하는 업체마다 항목별로 조사 매뉴얼로 정리되어 있고, 그에 맞추어 유동고객 조사와 잠재고객의 입지 접근성을 조사한다. 그러나 그 원칙을 가지고 입지 조사를 하다 보면 각 소상권별로 대로변이나 큰길이 아닌 이면도로나 뒷길과 같이 다른 길로 유동 인구가 흐르는 것을 흔치 않게 볼 수 있다. 이런 현상은 많은 상권에서 찾아볼 수가 있다.

그런데 재미있게 이런 고객의 동선 상에 좋은 입지의 점포들이 숨어 있는 경우가 많다. 또한 이런 점포는 전문가에게조차도 한눈에 잘 드러나지 않는 경우가 많다. 그리고 그런 숨어 있는 점포들에게는 생각보다 높지 않은 권리금이 형성되어 있음을 알 수 있다.

성공적인 창업을 위해서는 좋은 자리에서 시작하고픈 마음이 드는 것은 너무도 당연하다. 돈만 많다면야 권리금 넉넉히 주고 번듯한 자리에서 하고 싶은 마음이야 창업하시고자 하는 분 누구라도 당연한 마음일 것이다. 그러나 그렇지 못한 현실이라면 열심히 '다리품'을 팔아서라도 이런 숨어 있는 좋은 자리를 찾아야 하지 않겠는가 생각한다.

그리고 여기서 한 가지 추가로 말씀드리자면 유동인구를 조사하다 보면 많은 곳에서 시간대별로 요일별로 유동인구의 흐름이 다르게 나타나는 곳을 찾을 수 있게 되는데, 그런 자료를 충분히 활용하여 창업하고자 하는 본인의 업종과 연관시키면 성공적인 창업에 큰 도움이 될 수 있다.

11) 버스 중앙차선이 있는 상권의 입지조사는 각별히 조심해야 한다.

과거 버스 중앙차선이 있기 전에는 조사 대상 지역의 유동 고객들(특히 출퇴근)은 본인의 뜻과 상관없이 그 상권의 도로 이쪽 편과 저쪽 편을 하루에 한 번 이상은 이용할 수밖에 없었다. 그 상권으로 오거나 가는 버스가 그쪽에 정차했기 때문이다.

그러나 버스 중앙차선이 생기고 난 후에는 도로 이쪽의 유동 고객들 중 상당수는 반대편 상권으로 이동할 일이 없어졌다. 즉 버스중앙차선의 도로를 중심으로 상권 배후 상주인구의 수(상권의 잠재 고객 수)가 많은 쪽과 그렇지 못한 쪽의 입지에 큰 영향력을 미치게 되었다. 유동고객의 많고 적음의 차이가 마치 경제의 빈익빈 부익부처럼 도로 양쪽 상권에도 크게 영향을 미치게 된 것이다.

여기서 궁금해지는 게 '몇 차선의 도로가 상권을 나누는 기준이 될까?'이다. 과거에는 보통 편도 4차선(왕복 8차선)이면 다른 상권으로 나뉜다고 보고 그 미만은 같은 상권으로 보는 게 일반적이었으나 편도 3차선(서울 서대문에서 연신내로 가는 통일로, 미아리에서 의정부로 가는 도봉로 등) 도로이지만 버스 중앙차선이 있는 도로의 경우 다른 소상권(큰 범위의 상권 중의 소상권)의 나눔처럼 나눠지게 되었다. 그래서 과거 편도 3차선(왕복 6차선)의 경우 같은 상권으로 보다가 버스 중앙차선이 생긴 지역의 경우 다른 상권처럼 인식하면 된다고 보겠다.

업종에 따라 강력하게 고객을 끌어들이는 힘이 있는 브랜드(특히 프랜차이즈 브랜드)의 경우를 제외하면 이런 버스 중앙차선이 있는 상권의 입지 조사는 조금 더 신중하게 접근하여 조사하여야 시행착오를 줄일 수 있다.

12) 어떠한 경우에도 서두르지 말아야 한다.

필자의 경험으로는 내가 하고자 하는 업종과 어울리는 매장을 만나 그 점포 앞에 서면 마음속 깊숙한 곳에서부터 올라오는 느낌이 있다. 이는 마치 결혼 상대자를 처음 만났을 때와 같은 감동과 비슷하다고나 할까? 그런 느낌이 든다.

서두른다고 좋은 배우자를 만나는 것이 아니다. 점포도 마찬가지다. 서두르지 마시기 바란다. 조바심을 내지 마시기 바란다. 늦지 않는 시간에 반드시 좋은 매장을 만나게 된다. 확신을 가지고 스스로에게 의심을 가지지 말고 꾸준히 알아보시길 권한다. 좋은 입지의 그 매장은 지금 이 책을 읽고 계시는 예비사장님을 위해 준비가 되어 있음을 의심하지 마시길 다시 한 번 더 간곡히 부탁드린다.

입지 선택의 팁

좋은 점포를 구하기 위해서는 어떻게 해야 하는가?

1. 좋은 입지에 대한 개념을 정리한다.

2. 고객의 시각으로 점포를 구한다.

3. 상권의 중심에 구한다.

4. 유동인구를 조사한다.

5. 얼마나 눈에 잘 띄는 점포인가?

6. 중개업자는 1~2명 이상 거래하지 않는다.

7. 그 자리에서 오래 영업한 세입자의 점포를 찾는다.

8. 매장 앞 계단이 많으면 고객은 오지 않는다.

9. 상품의 판매 단가가 낮을수록 대로변에 위치해야 한다.

10. 상권 내의 유동인구가 흐르는 비밀 동선을 찾아라.

11. 버스 중앙차선이 있는 지역의 상권의 입지조사는 각별히 주의한다.

12. 어떠한 경우에도 점포 선택에 서두르지 말아야 한다.

제3장

초반에 득점을 노려라

어떤 종류의 게임이든지 게임의 초반에는 소위 말하는 열 받는 뜨거움이 없을 뿐 아니라 수비가 허술한 경우가 많다. 이때 공격의 주도권을 잡는 것이 매우 중요하다. 과거 우리나라 축구가 시작 5분과 끝나기 전 5분에 약해 참 많은 국민들을 불안에 떨게 하며 애태운 적이 있었다. 마찬가지로 모든 종류의 게임은 시작 30분(경우에 따라서는 1시간)과 마지막 30분이 중요하다고 할 수 있다. '첫 끗발은 개 끗발'이라 말하는 분들이 계시는데, 그것은 돈 잃은 분들의 자위이지 결코 초반 득점이 나쁜 것은 아니다. 마찬가지로 창업한 후의 개점 초에 점포를 빠른 시간 내에 안정시키는 것은 생각보다 훨씬 중요하다고 할 수 있다.

대기업의 대형 소매 매장 프로젝트(특히 대형 쇼핑센터 등)나 중형 매장의 프랜차이즈 직영점의 경우 손익분기점을 사전에 철저히 준비하면서 업무를 진행한다. 단, 이는 어디까지나 시스템이 갖추어진 조직의 경우이고 개인적으로 진행하는 매장의 경우는 손익분기점의 계획을 세운다고 하여도 그것은 자금 계획의 일환으로 세우는 것에 지나지 않는다. 할 수 있으면 개점 초에 점포를 빠르게 안정시키는 것이 매우 중요하다.

그러기 위해서는 각 업종의 아이템별로 상권별로 점포의 입지나 특성별로 차이가 있어 천편일률적으로 똑같지는 않으나, 소매업의 특성상 다음의 몇 가지는 필히 사전에 준비하고 진행하여야 한다. 조그만 소매 매장이라 하여도 '시간이 지나면 좋아 지겠지'라고 막연히 생각해서는 안 된다는 점을 꼭 기억하시기 바란다.

1.
매출 목표를 설정하라

소매업의 가장 큰 특징 중 하나는 제조업이나 도매업처럼 생산에 따른 대량 출하나 큰 거래에 따라 한 번에 많은 물량이 대형으로 거래되거나 경우에 따라 덤핑 거래 등 많은 수량의 거래가 일시에 발생되기는 불가능하다(소매업 업종에 따라 판매하다 남은 상품을 덤핑 처리하는 경우가 있을 수 있다. 특히 의류 등). 그 말은 오늘 판매되지 못한 수치의 금액은 반드시 내일 팔아야 한다는 것이다.

예를 들어 하루 평균 이백만 원으로 월 육천만 원을 파는 점포가 있다고 하자. 오늘 일백칠십만 원을 팔았으면 나머지 삼십만 원은 다음날 그 금액을 팔아야 월 육천만 원을 달성하게 된다. 만약 제조업이나 도매업에서 매출이 부진해 목표 금액을 밑돌고 있다면 경우에 따라 덤핑을 치던지 밀어내기를 하던지 다른 마케팅 방법을 동원해 한 번에 부족한 금액을 달성할 수 있다.

그러나 소매업은 그것이 불가능하다. 그렇다면 어떻게 해야 그런 한계를 극복할 수 있을까? 그것은 달성 가능한 정확한 매출 목표를 설정하고 그 목표 수치를 가지고 시간별, 일별, 주별, 월별, 분기별 매출 목표를 달성하는 것이다.

'뭐 시간대별로 관리를 해야 하나?'라고 의문을 가지실지 모르나 대형 할인마트 뿐 아니라 가끔 오후 시간대에 동네 슈퍼마켓을 가보더라도 시간 세일이라고 10~30분만 특별 할인행사를 한다고 마이크를 쥐고 큰소리를 내는 경우를 많이 볼 수 있다. 이것은 그 점포의 전체 마케팅 영업의 일환으로 그러는 경우도 있으나 많은 경우 일별 매출 목표를 달성하기 위해 그런 할인 행사를 하는 경우들이다.

이런 시간대별 할인 행사는 슈퍼마켓 등 중대형 유통업체들의 전유물이 아니라, 모든 규모의 소매 유통업체에서 목표 관리를 위해 행하는 마케팅의 한 방법이다. 편의상 시간별 마케팅의 방법을 예로 들었으나 그와 같은 개념(매출 목표 달성을 위한 모든 종류의 마케팅을 동원해야 한다는 것)을 활용하여 일별, 주별, 월별, 목표관리를 하는 것이다.

소매업체의 대표님들은 자신이 생각하는 대로 그냥 하루 시간이 흐르는 대로 장사를 하는 것이 아니라, 오늘 우리 점포가 얼마를 팔아야 한다는 것을 정확히 설정하고 그 수치의 달성을 위해 사장님뿐 아니라 모든 종업원들이 그 목표 수치의 달성을 위해 모든 마케팅 방법을 동원해 그날의 영업을 하는 것이다. 그리고 그와 같은 날들이 일주일, 한 달, 일 년이 모여 성공적인 점포가 되는 것이다

많은 창업 예정자들을 만나 말씀을 나눠 보면 이 부분에 대한

개념을 가지고 계시는 분들이 매우 적었다. 그리고 안타까웠던 것은 그분들 대부분이 "그런 것까지 해야 되나?"라고 말씀하신다는 것이다. 그리고 필자의 강한 권고에 그렇게 하겠다고 대답은 하시나 개점 후 나중에 만나보면 거의(정확히 말씀드리면 없었음. 몇 분만 비슷하게 하시는 흉내만 내셨음) 관리를 하지 않고 계셨다.

대형 소매기업뿐 아니라 성공적으로 운영되고 있는 많은 중소형 소매기업들은 전부 숫자관리를 통해 목표를 달성을 하고 있다는 것을 잊지 말기를 당부 드린다.

어렵다고 생각하지 말고 또 귀찮다고 생각하지 마시길 바란다. 그것은 선택의 문제가 아니라 필수임을 잊지 마시기를 부탁드린다.

이렇게 해야 빠른 시간 안에 점포를 안정시킬 수 있고 아울러 매출이 부진하면 대표 본인이 어떻게 해야 하는지 얼마만큼 부족한 부분을 메워야 하는지 대책이 실질적인 목표치 숫자로 나올 수 있다. 예를 들면 "오늘(이번 주, 이 달) 이대로 가다가는 목표의 80%밖에 달성 못하겠구나. 그럼 나머지 20%는 어떻게 해야 하나? 어떤 마케팅 방법을 동원해야 하나?"라고 구체적으로 대책을 연구하게 된다. 그렇게 하는 것이 수치상의 목표달성뿐 아니라 점포의 가치도 올리는 것이다.

2.
광고의 필요성과 효과적인 집행 방법

광고에 대한 전문가적인 견해는 광고의 전문서적을 따로 준비해서 그 내용을 습득하시면 되지만 창업을 하시고자 하는 분들에게 대기업의 광고 전략이나 광고전문가의 식견이 다 필요하지는 않는다고 본다.

이 파트에서는 창업하시는 분들이 어떻게 광고를 진행해야 창업 초반에 점포를 빠르게 안정시킬 수 있는지에 초점을 맞추어 말씀드리고자 한다.

1) 생각의 전환이 필요하다

창업하시는 분들과 상담을 하다 보면 광고에 들어가는 비용이 없어지는 돈이라 생각하는 분들이 많다. 단순하게 보면 물건이나 식자재를 사는 것이 아니니 그렇게 생각되는 게 무리가 아닐 수도 있다. 그러나 광고란 결코 그냥 돈을 공중에 뿌리는 것이 아니다.

여러 가지 복합적인 목적의 달성을 위해서 하는 것이라 말할 수 있다. 그럼 그것들은 무엇일까?

첫째, 무엇보다도 매출증진을 위해 광고를 한다.

광고는 언제 어디에서 무엇을 파는 점포가 고객들이 오실 수 있는 지역에 오픈했다는 것을 고객들에게 알리고 우리 상품이 얼마나 소비자들에게 좋은 만족의 기회를 제공하는지를 알리는 방법이다. 점포 오픈 초 광고의 총량과 점포의 매출은 비례한다는 것을 꼭 기억하시길 바란다. 여기에서 주의해야 할 점은 점포를 찾아오시는 고객은 반드시 그 점포의 고정고객이 될 수 있도록 시스템을 갖추어야 한다는 것이다. 그렇지 못할 경우 예를 들어 고객이 실망하여 발길을 돌리는 경우 광고를 하지 않는 것만 못한 결과를 만들 수도 있다. 고객의 입소문 중 좋은 입소문보다 안 좋은 입소문이 더 큰 파괴력을 갖고 있다는 점을 알아두길 바란다. 이 부분은 뒤에서 다시 언급하고자 한다.

둘째, 이미지를 위한 것이다.

창업하는 점포의 이미지를 고객들에게 심어주는 것이다. 광고는 단순한 상품의 내용의 전달뿐 아니라 고객들에게 그 점포가 추구하는 바를 끊임없이 심어주어야 한다. 예를 들어 그 점포가 요즘 대세를 이루고 있는 힐링(healing)이라는 이미지를 추구하고자 한다면, 그 점포의 상품 광고도 필요하지만 힐링(healing)이 연상되는 이미지 광고를 지속적으로 하는 것이다. 그리고 업종별로 차이가 있을 수 있지만, 창업하는 브랜드가 추구하는 방향이 상대적으로 높은 가격대의 고급상품이라면 그 광고도 '럭셔리'한 광고의 방법을 찾아 차별화를 시도해야 한다. 고객들이 점포를 찾아오는 이유 중 상품의 질 이외에 분위기 등 기타 요인도 많다는 것을 알아 두시기 바란다.

셋째, 광고는 점포의 권리금을 올린다는 것을 알자

여기서 잠깐 권리금에 대하여 알아보자. 권리금은 크게 바닥 권리금, 시설 권리금, 영업 권리금 등이 있다. 그중 바닥 권리금은 신설 점포를 분양하는 업자들이 좋은 상권에서 상가를 분양한 후 매장 주인이나 분양업자가 다시 그 점포를 임대하면서 업자들의 이익을 올리고자 할 때 붙이는 권리금이다. 시설 권리금은 영업을 시작한 지 얼마 되지 않아 그 시설물을 그대로 사용할 수 있는 상태이거나(특히 인테리어의 경우) 시간이 지났어도 그 시설물의 중요성을 감안하여 객관적인 가격을 인정해 줄 때, 예를 들면 피자 전문점에서 사용하는 오븐기 중 외국의 유명 제품(미들비나 링컨 등)일 경우 등은 그 가격을 인정해 주며 시설 권리금이 붙는다.

그리고 가장 일반적으로 통용되는 권리금이 영업 권리금인데, 객관적인 금액은 그 점포에서 1년간 영업해서 발생되는 순 이익금을 영업 권리금으로 설정하는 게 보통이다. 그러나 우리가 점포의 대부분 거래에서 발생되는 권리금은 시설 권리금에 영업 권리금을 합한 금액을 말한다. 간혹 아주 좋은 상권의 특A급 입지의 경우 앞서 말한 3가지 권리금이 동시에 붙는 경우도 있다.

처음으로 돌아가 말씀드리면 점포를 오픈하는 순간부터 마지막 정리 시점까지 그 점포의 권리금은 계속해서 오르락내리락한다. 상품 광고든 이미지 광고든 지속적인 광고는 업주가 모르는 사이에도 그 점포의 권리금을 계속해서 올려준다. 이 부분은 해당 상권이 특별한 사정으로 침체가 되지 않는 한 그 해당 입지, 즉 그 점포의 가격을 높이는 것이니 창업하시는 사장님들은 이 부분을 꼭 기억하시기 바란다. 다시 한 번 더 강조 드린다. 먼 뒷날 나중에 점포를 정리하는 시점에 점포의 영업 권리금을 넉넉히 받기 위해서는 꾸준한 광고 등을 통해서 점포를 관리해 나가야 한다.

2) 광고의 방법에는 어떤 것들이 있나?

대기업의 광고 전략과 소상공인들의 광고 전략은 같을 수 없다. 고객들을 대상으로 상품을 알리는 대원칙은 같지만, 나머지 전략과 전술은 다르므로 먼저 이해의 폭을 넓히는 것이 중요하다. 소규모의 창업에서 광고 방법은 다음과 같은 방법들이 있다.

첫째, 전단지 광고 방법이다.

과거부터 쭉 진행되어온 가장 흔한 방법이라 진부하게 느껴질 수 있다. 그러나 전단지 방법만큼 신규 창업자들에게 중요한 광고 방법은 없다고 말씀드릴 수 있다. 다만 전단지를 소비자들의 손에 어떻게 전달하느냐의 방법이다. 전단지를 소비자 앞으로 전달하는 방법에는 크게 신문의 삽지 방법과 직접 손으로 전달하는 두 가지가 있는데 더 효과적인 방법은 직접 손으로 전달하는 방법이다.

여기서 매우 중요한 내용이 있는데, 그것은 전단지는 반드시 사장님이 옷을 단정히 입고 큰소리로 인사를 하며 직접 전단지를 나눠드려야 한다는 것이다. 많은 소매업에서 고객들이 그 점포를 찾아오는 이유 중 하나는 그 사장님의 친절함을 보고 오시는 분들이 많다는 것이다. 예비 고객들에게 정중히 인사를 하며 전단지를 직접 전달해 주는 것은 그 점포의 이미지를 높이는 데 매우 중요한 방법임을 잊지 마시기 바란다. 그렇게 전단지를 나누어주면 대부분 전단지를 받는 고객들은 전단지를 나눠주는 사람이 그 점포의 사장님이란 것을 알 수 있다. 특별히 강조 드리는 것은 전단지를 나눠주는 아르바이트를 고용하는 것은 가급적 피하라고 부탁드리고 싶다. 영업에 많이 피곤하실 줄 알지만 직접 사장님이 인사를 하며 전단지를 나누어주는 방법은 전단지 배포 아르바이트를 이용하는 방법보다 말할 수 없이 더 큰 효과가 있다. 일반적으로 신문 삽지 배포 방법보다 손으로 나누어 주는 방법이 최소 10배는 더 효과가 있다고 한다. 거기에 사장님이 직접 나누어 주는 것은 신문 삽지에 비해 최소 몇 십에서 몇 백 배는 더 효과가 있다는 것을 잊지 않으시길 바란다.

둘째, 온라인 광고이다.

온라인 광고에는 배너광고, 이메일 광고, 팝업광고, 키워드 광고, 댓글 달기 광고 등 여러 가지가 있는데 가장 많이 사용하는 방법이 배너 광고이다. 알려진 바로는 배너 광고가 온라인 광고의 거의 절반을 차지한다고 한다. 이메일 광고는 오픈 초 사은 행사 등을 통하여 모집한 명함 등을 정리하여 이메일 광고에 활용하면 좋은데, 이때 주의해야 할 점은 명함을 모을 때 메일로 광고를 해도 좋다는 허락을 사전에 받아두는 것이다. 고객관리 마케팅 기법에 CRM마케팅 기법이 있는데 그때 가장 좋은 방법 중 하나가 이메일 광고이니 이메일 수집 관리는 늘 업주가 신경을 써야 한다. 기타 온라인 광고는 전문가와 상의하여 해당 점포에 맞는 방법을 찾아 지속적으로 광고를 하는 것이 좋다.

그런데 최근에는 온라인 광고가 모바일 광고로 넘어가는 중이다. 전문가에 따라서는 모바일 광고가 대세라고 주장하는 분들도 있다. 그러므로 온라인 광고를 준비할 때는 모바일 광고까지 같이 준비하는 것이 좋겠다고 말씀드릴 수 있다.

셋째, DM(Direct Mail) 광고이다.

우리나라 소매업의 중심에는 백화점이 있다. 백화점에서 그 백화점의 고정고객에게 특정 테마행사에 초청DM을 발송하면 2~4% 전후의 고객이 그 DM초청장에 반응하여 내점한다고 한다. 이는 어떤 종류의 광고보다 강력한 고객 흡입력이 있는 광고 방법이다. 소규모 창업에 백화점과 같은 대형 소매점의 자료를 비교하는 것에 무리가 있을지 모르나 광고의 방법 중에 효과가 있다는 점에는 유념할 필요가 있다 하겠다. 다만 오픈 초부터 고정고객을 확보하기에는 어려움이 있으나 지속적으로 관심을 갖고 관리를 하면 일정 시간 후 좋은 광고효과를 볼 수 있으니 꾸준히 자료를 확보하시길 바란다. 앞서 잠깐 언급한 CRM마케팅은 대기업뿐 아니라 소기업에서도 매우 중요한 마케팅 기법으로, 이는 신규 고객을 늘리는 것이 점차 힘들어져 기존 고객 관리의 중요성이 부각되는 요즘 실태를 감안할 때 일반 점포에서도 중요한 마케팅기법으로 각광 받는다. 그 CRM마케팅의 한 가지 기법으로 DM광고를 통한 기존 고정고객과의 교감은 매장의 지속적인 매출 안정에 중요한 광고 방법임을 알아 두시기 바란다.

넷째, 실내외 부착광고이다.

우리는 부착광고라 하면 건물 외벽의 변화 없는 글자의 광고판만을 의식하게 되는데 그렇지가 않다. 최근에는 LED광고가 점포 전면의 광고판에도 여러 가지 형태로 많이 활용되고 있고 특히 점포 내의 눈이 많이 가는 위치에 특수한 형태의 소형 LED광고판이 활성화되어 고객의 소비증진에 효과를 보고 있다. 이 부분에 지금까지 별 관심이 없었던 분들이라 하여도 조금만 신경을 쓰시면 매출 증진에 도움을 줄 수 있는 부착광고들을 충분히 찾을 수 있다는 것을 말씀드리고자 한다.

3) 그럼 어떻게 얼마나 광고를 해야 하나?

앞서 우리는 광고를 함에 생각의 전환이 왜 필요한지, 광고에는 어떤 것들이 있는지에 대하여 알아보았다. 그러면 광고를 얼마나 어떻게 해야 효과가 있는가에 대하여 알아보자. 광고의 효과는 진행하는 상권에 따라 업종에 따라 점포의 위치에 따라 계절에 따라 다 다를 수 있어 객관적으로 얼마만큼 해야 효과를 본다고 답이 있는 것은 아니다. 오픈하시는 사장님의 목표치가 사람마다 다르고 광고의 기획과 진행에 따라 변화가 있을 수 있어 많은 변수가 있다. 지금 여기에서는 일반적으로 통용되면서도 필자가 실시해서 효과를 보았던 방법을 기록해 보고자 한다.

첫째, 오픈 광고는 상권에 충격을 줄 수 있을 만큼 해야 한다.

오픈 광고는 해당 상권의 경쟁업체에게는 선전포고와 다를 바 없다. 그리고 상권의 모든 예비 고객들에게는 상대적 소비만족을 드릴 수 있는 최고의 업소가 등장했다는 것을 충분히 인지시켜 드려야 한다. 그러기 위해서는 전단지나 지역 광고만으로는 부족하다는 것이 필자의 생각이다. 가장 좋은 방법은 오픈과 동시에 '이벤트 행사'를 병행하는 것이 가장 좋다고 추천 드린다.

이벤트 행사는 여러 가지가 있을 수 있다. 오픈 행사 기간에 일정 금액을 디스카운트 해드리는 할인행사, 도우미를 활용하는 시각적인 행사, 모든 구매 고객에게 일정 금액의 사은품을 드리는 사은품 증정 행사, 방문해 주시는 모든 고객을 대상으로 하는 경품 행사 등이 있다. 그중 추천해 드리고 싶은 이벤트행사는 경품 행사이다. 그런데 성공적인 이벤트 경품 행사를 위해서는 그 점포의 규모에 비하여 조금 심하다 싶을 정도의 높은 가격대의 경품을 제공하는 것이 좋다. 고객들의 입장에서 보면 "이 점포 기둥뿌리 하나 빠지는 거 아냐?" 할 정도로 준비를 하는 것이 효과가 크다. 그리고는 입점하는 고객들을 확실히 고정고객으로 만드는 방법을 준비해야 한다. 이런 행사는 고객들에게 빠른 시간 내에 오픈을 알리고 초반에 매장을 안정시키는 가장 좋은 마케팅 방법이다. 광고의 규모는 행사 기간에 따라 달라지나 상권 내의 모든 고객들이 인지할 정도로 광고를 하는 것이 좋다.

둘째, 상권 내의 경쟁 업체에 비해 상대적 우위를 점할 수 있게 한다.

대형 A급 상권에서는 아주 특별한 아이템으로 오픈하는 경우가 아니면 대부분 경쟁 업체가 오픈하는 점포의 주변으로 넘칠 정도로 많은 게 보통이다. 이럴 경우는 광고의 대상 지역을 좁게 잡아

오픈하는 점포를 중심으로 '융단 폭격'하듯이 광고하는 방법을 추천해 드린다. 그리고 그런 A급 상권이 아니고 규모가 조금 작은 B급 상권의 경우는 오픈하는 점포의 지역 외에 경쟁이 예상되는 점포가 있는 지역에 많은 광고를 하는 것을 바람직하다. 광고의 기간을 얼마만큼 해야 하느냐고 질문하시는 분들이 계시는데 사장님들의 목표와 기대치에 따라 다르므로 얼마큼이라 말씀드릴 수는 없고 상대적 우위를 점할 수 있을 때까지 하는 것을 추천 드린다.

셋째, 테마(Theme)를 가지고 광고를 한다.

광고를 그냥 보기 좋은 모양만 가지고 광고를 할 경우 그 광고를 지속적으로 접하는 소비자들의 입장에서 보면 지루할 수가 있다. 그러므로 광고는 일정한 테마별로 실시하는 것이 좋다. 예를 들면 계절별로 테마를 부여해 광고함으로써 소비자들과 계절별 공감대를 형성하는 것도 좋고, 상품광고와 이미지광고를 적절히 안배해 광고를 진행하는 것도 좋다. 특히 이벤트 행사나 창업 기념일의 행사 시 고정고객을 대상으로 하는 사은 행사 등 특정 테마를 부여하며 광고를 하는 것이 고객들에게 좋은 이미지를 심어줄 수 있고 매출로 연결되기 좋다는 것을 인지하시기 바란다.

이렇게 광고를 진행하면 금전적인 어려움으로 인해 곤란하지 않는가라고 고민이 되실 수 있다. 물론 오픈하기도 힘든데 추가로 그럴 여력이 없을 수도 있다. 그러나 처음 창업 자금을 준비할 때부터 별도의 지출 항목으로 계획하시고 준비하시면 충분히 가능하다. 또 설령 충분한 자금이 준비되지 못했다 하더라도 소매업의 특성 상 매일 매일 돈이 들어오는 만큼 사장님들의 뜻만 있으면 얼마든지 가능하다는 것을 말씀드린다. 그리고 총 매출액 대비 광고비를 항상 일정 비율로 준비하시길 바란다. 마치 대기업이 R&D 항목에 관해서는 매출의 상당히 높은 부분을 늘 준비하는 것과 같이 그렇게 이해하시면 좋을 듯하다.

3.
점포의 모든 부분의 매뉴얼을 만들어 시스템(system)화해야 한다

이른 시간 내에 점포를 안정시키는 데는 앞에서 알아본 내용들이 중요하다. 그럼 그런 내용들이 현장에서 매출로 연결되기 위해서는 무엇이 필요하겠는지 이번 항목에서 알아보도록 하자.

몇 명이든지 사람들이 모여 있는 집단이라면 각자 살아온 길들이 다르고 그에 따라 생각들이 달라 모든 행동이나 눈앞에 벌어지는 여러 상황들에 대처하는 방법이 사람마다 다 다르다. 출근 시간을 지키는 문제부터 고객을 응대하는 방법, 물건을 정리하는 방법, 주방이 있는 경우는 음식에 관한 모든 것들 등등 정말 여러 가지가 다 달라 점포가 원하는 방향으로 직원들을 인도해 나가기 힘든 경우가 많다.

그러므로 그런 문제들을 처리하는 데 있어 사람들마다 차이가 나는 것들을 방치해 놓으면 그 점포는 아무리 좋은 아이템으로 좋은 입지에 많은 광고를 한다고 하더라도 성공하기는 어려울 것이다. 사장님 혼자 이리 뛰고 저리 뛰고 하다가 결국에 지쳐 포기하게 될 것이다. 그럼 어떻게 해야 하는가? 그것의 답은 매뉴얼(manual) 작업을 통한 시스템(system)화이다.

즉 그 점포 안에 있는 모든 사람이 행동하는 것에 대하여 일정 행동 양식을 만들어 통일되게 하는 것이다. 출근 시간 및 근무 시간, 고객 응대의 원칙, 종업원들의 복장, 고객 불만(complain) 처리 방법, 상품의 진열 원칙, 집기의 위치 및 정돈 방법, 주방에서의 행동, 화장실 정리 등 사장님부터 직원 누가 어떤 행동을 하더라도 그 점포 안에서는 늘 같을 수 있도록 점포의 모든 것들의 기준을 매뉴얼로 만들어야 한다. 그래서 그 메뉴얼에 기록되어 있는 대로 모든 행동을 통일되게 해야 한다. 그러면 광고나 이벤트 행사 등으로 인해 짧은 시간 안에 많은 고객들이 들어오거나 생각지 못한 여러 변수가 발생하였을 때 쉽게 그 문제가 해결될 수 있다.

그리고 앞에서 알아본 점포 모든 분야의 각각의 매뉴얼들이 서로 자연스럽게 움직여 전체가 마치 하나처럼 돌아가게 점포의 운영을 시스템화하는 것이 빠른 시간 안에 점포를 안정시키데 필요하다 하겠다. 그리고 이와 같은 과정들은 안정뿐 아니라 긴 시간 점포가 꾸준히 성장해 나가는 데도 꼭 필요한 내용들이다.

앞에서 언급한 항목들 중에서 매장의 디스플레이(display)나 고객의 동선과 관련된 고정 집기의 위치에 관한 내용들은 인테리어 초기에 결정해야 할 부분들이므로 특히 사전에 충분한 검토를 하는 시간이 필요하다.

아울러 이번 항목의 매뉴얼에 대하여는 그 내용이 기록하기에는 너무 방대하기 때문에 다음에 기회가 되면 다시 한 번 더 다뤄 보는 것으로 하자.

초반에 매장을 안정시키는 팁

창업한 후의 개점 초에 점포를 이른 시간 내에 안정시키는 방법은 무엇이 있을까?

1) 매출 목표 설정해서 숫자관리를 꼭 하도록 하자.

2) 광고를 실시해야 한다.
   - 생각의 전환이 필요하다.
   - 광고의 방법에는 무엇이 있는지 꼭 알아 두자.
   - 어떻게 얼마나 광고를 해야 하나?

3) 점포의 모든 부분의 매뉴얼을 만들어 시스템(system)화해야 한다.

제4장

게임은 '기 싸움'이다
기선을 제압하라

어떤 종류의 게임이든지 게임 중에는 기 싸움이 중요하다. 반드시 이긴다는 생각을 가져야 되고 진다는 생각은 조금도 가져서는 안 된다. 끊임없이 "나는 이길 수 있다. 나는 지지 않는다. 나는 오늘 많은 돈을 딸 수 있다." 등의 자기 암시를 해 나가야 한다. 아무리 상황이 어려워도(물론 사전에 그런 상황을 만들지 말아야 한다) 입으로 잘 될 수 있다고 끊임없이 자기 암시를 해야 한다. 그러면 그런 말과 행동들이 모여 힘이 되고 하늘에서도 도와주시는 것이다. 고스톱의 경우는 패를 뒤집을 때 강하게 내려치고 경우에 따라서는 기합소리도 넣어야 하고 포커 등의 카드 게임의 경우 패의 변화를 얼굴이나 행동에 나타내지 않고 배팅을 리드하며 게임의 흐름을 제압해야 한다.

창업에서도 마찬가지다. 새롭게 창업해 사업을 시작하시는 사장님들은 앞에서 언급된 내용들과 마찬가지로 상권 내의 경쟁 점포들을 상대로 기선을 제압해야 한다. 소매업은 상권 내의 경쟁 업체들 간의 기 싸움에서 결판나는 경우가 흔하다. 그래서 그들이 지금 이 책을 읽고 계시는 사장님들의 점포를 두려운 마음을 갖고 눈치를 보며 영업할 수 있게 해야 한다.

그러기 위해서는 제일 먼저 사장님들의 마음의 생각을 바꾸어야 한다. 그리고 다음에서 나오는 각각의 내용대로 본인의 행동들을 바꾸어 나가야 한다.

1.
강력한 리더십과
그것을 이루기 위한 조건들

점포와 점포들 간의 경쟁에는 리더 즉 사장님 한 사람만 잘
한다고 모든 것이 해결되는 게 아니다. 사장님을 중심으로 그 점포
의 모든 직원들이 한 마음 한 뜻으로 뭉쳐야 가능하다. 그러기 위
해서는 강력한 리더십이 요구되며 그 리더십의 발휘 아래 모든 경
쟁 점포와의 경쟁에서 한 걸음 앞서 나가게 되는 것이다.

그럼 리더십이란 무엇일까?

우리는 보통 리더십이라고 하면 카리스마를 갖고 모든 일에 결단
력으로 행하는, 그리고 앞서 이끌고 나가는 것을 생각한다. 우리가
알고 있는 박정희나 히틀러와 같은 사람들을 머릿속으로 그리면서
말이다. 그렇다 틀린 말은 아니다. 그러나 이와 같은 카리스마의
'리더십'은 리더십의 한 유형일 뿐 아니라 부분적으로 리더십을 설
명하는 한 장르라 할 수 있다.

그럼 리더십을 어떻게 표현하는 것이 적당할까?

　사전적으로는 무리를 다스리거나 이끌어 가는 지도자로서의 능력이라고 말하며 지도력 또는 통솔력으로 이해되기도 한다고 기록되어 있고, 한편으로는 어떤 조직이나 단체가 어떠한 한 방향으로 가고자 하는 힘이라 서술되어 있기도 하다. 더 쉽게 말하면 조직의 대표자가 생각하는 어떤 방향으로 그 조직이 나가는 힘으로 이해하면 빠르다. 그러면 사장님이 어떻게 생각하고 행동해야 강력한 리더십을 발휘할 수 있을까?

　첫째, 리더는 용기가 필요하다.

　조직의 리더와 종업원들은 서로 다른 점이 많지만 그중 가장 중요한 항목을 뽑으라 한다면 단연 '의사결정'의 부분이라 할 수 있다. 아무리 작은 소규모의 사업이라 할지라도 사장이라는 자리는 끊임없는 의사결정의 연속인 자리이다. 그리고 대표의 의사결정은 항상 책임이 따른다. 리더는 의사결정 전에 모든 위험요소들을 이해하고 그 결정에 따른 결과가 최악으로 나온다고 할지라도 모든 책임을 지는 것이다. 즉 위험을 감수하고 의사결정을 하는 위치에 있는 것이다.

창업을 할 것인가 말 것인가에서 부터 무슨 아이템으로 결정을 해야 하는가? 점포의 위치는 어디로 결정할 것인가? 그럼 상품의 가격은 어떻게 해야 하나? 광고는 어떤 광고를 언제 얼마만큼 하나? 직원은 누구를 선택해야 하는가? 등등 의사결정을 해야 할 부분이 너무도 많다. 그 많은 의사결정을 그냥 아무 생각 없이 결정한다고 되는 것이 아니다. 수많은 변수들을 사전에 하나하나 점검하고 본인이 판단하는 의사결정이 나중에 얼마나 점포에 타격이 있을지 예상해서 또 경우에 따라서는 돌이킬 수 없는 상황에 도달할 수도 있는 극단적인 위험도 감수하며 의사결정을 내리는 것이다.

그러기 위해서는 용기란 것은 그냥 무턱대고 위험을 감수하면서 행동을 하는 것이 아니라 결정을 위해 준비된 자료들을 검토하여 위험요소들을 제거해 나가는 능력도 요구된다. 그런 후 목표달성에 대한 확신을 가지고 행동으로 옮기는 것이다. 모든 세부사항들에 대해 검토가 되고 그에 따른 준비가 끝났으면 과감하게 첫발을 내딛는 것이다. 그리고 뒤돌아볼 필요가 없다. 경우에 따라 추후 필요한 추가 결정을 위한 세부계획을 검토하기 위해서 '피드 백'하는 것을 제외하고는 뒤돌아볼 필요가 없다.

그렇다. 리더는 후회해서는 안 된다. 다른 사람들이 보기에 힘들고 가능성이 낮아 보일지라도 리더는 그것들을 이겨낼 용기가 있어야 되는 것이다. 그리고 두렵더라도 앞으로 한 발 더 내딛는 그 힘이 있어야 한다.

고 정주영 회장의 "한 번 해 봤어?"라는 유명한 문장은 대기업에서만 필요한 것이 아니다. 창업하시고자 하는 많은 예비사장님들에게도 질문하는 것이다. 과연 두려워하는 그 일에 첫발을 내딛어봤는지, 그리고 그것에 얼마나 큰 용기를 가져 봤는지 말이다.

둘째, 높은 업무의 숙련도가 있어야 한다.

사장님이란 자리는 그냥 이거해! 저거해! 하며 직원들에게 시키는 자리가 아니다. 그 점포의 어떤 일이라 하여도 담당 직원보다 업무의 숙련도가 높아야 한다. 직원이 어떤 급박한 상황이 발생하여 자리에 없을 경우 일지라도 사장님은 그 자리에서 그 직원보다 훨씬 높은 숙련도를 가져야 한다. 그래야만 마음속으로 깊이 사장님을 따르고 그럴 때라야만 강한 리더십이 발휘되는 것이다.

과거 필자가 피자 체인 사업을 시작할 때였다. 창업을 결정하기 전까지 평생 피자를 몇 번 먹어보지 않았을 때였으니 당연히 피자를 만드는 업무에는 익숙함과 거리가 있었다. 사전에 다른 모든 일들은 잘 준비가 되어 성공적으로 오픈을 하게 되었지만 피자를 만드는 것이 문제였다. 당시 필자의 점포는 토요일 오전(요즘과 다르게 당시에는 토요일 오전 수업을 하였을 때였음)에 주변의 중고등학교에 단체로 들어가는 것이 많아 그 시간이 매우 바빴다. 아주 바쁠 때는 오전에만 약 250판 이상 나가곤 했다. 그리고 그 정도면 혼자 만들기가 거의 불가능하고 두 사람이 매우 바쁘게 움직여야 가능했다. 독자들도 잘 아시다시피 어느 업소든지 음식을 만드는 집은 주방장의 텃세가 심하다. 당시 피자집도 마찬가지로 주방에 있는 친구들의 눈에 보이지 않는 텃세가 심했다. 사장이지만 피자도 제대로 만들지 못한다는 거였다. 도저히 안 되겠다고 판단한 필자는 매일 저녁 남아 피곤한 몸으로 몇 시간씩 피자를 만드는 연습을 했다. 그것도 아주 빠른 속도로 피자를 만드는 연습을 했다. 그 결과 나중에는 피자를 굽는 두 대의 오븐기의 속도를 쫓아갈 만큼의 빠른 속도로 피자를 만들게 되었다.

그런 준비 뒤에 그날을 맞이했다. 예약이 많은 토요일 오전 배달 직원들이 늦게 출근하여 주방에 있는 직원들 모두가 배달을 나가야 할 상황이 된 것이었다. 필자는 주방에 있던 직원들에게 피자는 내가 만들 테니 배달을 도와주라고 그들을 내보냈다. 둘은 저의 얼굴을 빤히 쳐다보면서 피자는 어떻게 하느냐고, 사장님이 피자는 만들 수 있느냐고 의아해했다. 필자는 그들이 나간 후 정말 빠른 속도로 피자를 만들어 나갔다. 그날따라 예약한 피자 외에 많은 주문이 들어와 평소의 주말보다 많은 피자를 만들게 되었다. 처음에는 불가능하게 보였는데 막상 상황이 닥치니 연습 때보다 훨씬 손이 빠르게 움직였다.

거의 두 시간 반 정도의 시간이 지났다. 그런데 주문도 잠잠해지고 배달 직원들도 다 출근했음에도 주방에 있던 직원들은 주방으로 들어오지 않는 거였다. 주방 보조 한 사람만 땀을 뻘뻘 흘리며 반죽을 하고 있었다. 나는 왜 안 들어오느냐며 다그치니 그때서야 뒷머리를 긁으며 주방으로 와 고개도 못 들며 "사장님 언제부터 피자를 그렇게 잘 만드셨습니까?"라고 하는 거였다. 필자는 "처음부터 그 정도는 만들었다. 이정도 규모의 피자집을 하려면 사장이 못해서야 되겠니?"라고 손을 닦으며 말했다. 또 "처음부터 내 실력 오픈하면 너희들의 속마음을 알 수 없잖아."라고 웃으며 말했다. 그 두 친구들은 그 사건 후 자연스럽게 마음으로 저를 따르게 되었고 리더십을 발휘하는 데 큰 도움이 되었다.

셋째, 사람 관리가 되어야 한다.

여기의 사람 관리에는 리더십을 발휘해야 할 대상인 종업원뿐 아니라 사장님 본인도 그 안에 들어간다. 어떤 면에서는 사장님 자신의 관리가 훨씬 더 중요하다고 말할 수 있다. 즉 자기관리가 강력한 리더십을 발휘하는 데 꼭 필요한 조건이 되는데, 그중 청렴성은 가장 중요하다. 직원들의 마음속으로부터의 존경을 이끌어내는 데는 리더의 청렴성이 크게 작용한다. 여기서 말씀드리는 청렴성은 금전적인 것을 포함한 많은 다른 부분들이 여기에 속한다. 몇 가지 예를 들어 보자.

먼저 금전적인 것이다. 점포에서 들어오는 돈, 즉 매출은 사장님 개인의 돈이 아니다. 그 속에는 그 점포의 상품(음식점의 경우 식자재)을 준비하는 데 들어가는 돈이 포함되어 있으며, 건물의 임대료, 광고비, 전기 수도료, 경우에 따라 여러분을 믿고 돈을 차용해준 주변의 고마운 분들의 지급이자 및 원금이 들어 있다. 그리고 무엇보다도 여러 사장님들과 함께 땀 흘리는 종업원들의 인건비가 그 속에 들어 있다. 그러므로 지금 내가 그 돈을 관리한다고 하여도 그 돈은 내 돈이 아닌 것이다. 만약 그 돈을 전혀 엉뚱한 곳에 사용한다면 아무리 그들에게 감추고자 하여도 함께 일하는 직원들이 자연스럽게 알게 돼 있다.

점포의 매출액에 대한 사용은 청렴성이 지나치다고 할 만큼 스스로 냉정하게 자기관리를 해야 한다. 아울러 금전적인 것 외의 일상생활도 자기관리가 잘 된 청렴성을 유지해야 한다. 그 대표적인 것으로 점포의 문을 열고 닫는 것은 반드시 사장님이 해야 한다.

이것이 중요하다는 것은 대부분의 사장님들이 아신다. 그러나 창업 후 시간이 지나 점포가 안정이 되고 나면 많은 사장님들이 긴장의 끈을 놓는다. 그리고 그것에서부터 조금씩 점포가 어려워지기 시작하는데, 그렇게 안 좋아지는 첫 번째 징후가 직원들이 문을 열고 닫는 것이다. 특별한 일이 있어 가끔 직원들이 문을 열고 닫는 것은 허용될 수 있으나 그 이상은 안 된다. 힘드신 줄 아나 꼭 하셔야 한다.

사장이란 자리는 옆에서 조언을 해주거나 인도를 해줄 사람이 없는 자리이다. 끊임없는 자기관리와 스스로에 대한 채찍질만이 치열한 경쟁에서 이기는 강력한 리더십을 발휘하기에 꼭 필요한 요소라는 것을 아시기 바란다. 그리고 또한 사장이란 자리는 가만히 있어도 피곤하고 스트레스를 많이 받는 자리이다. 그래서 그런 것들을 이겨낸다는 핑계로 업무 외적인 것에 눈을 돌리는 경우가 많은데, 그것 역시 각별한 자기관리로 이겨 내야 한다.

그리고 그런 자기관리 위에 사람들의 관리가 필요하다. 여기에서 말하는 사람 관리는 앞서 다뤄본 매뉴얼에 의한 종업원의 행동 지침의 관리뿐 아니라 각각의 종업원에게 그들의 능력과 직급에 맞는 권한과 책임을 부여하고 그들의 업무 목표의 달성을 통하여 점포와 사장님이 나가고자 하는 방향으로 리더십을 발휘하는 사람 관리인 것이다. 아울러 협력업체(포장지 업체, 식자재 납품 업체, 광고 진행 업체 등)의 사람 관리도 그 수준에서 꾸준히 관리하여 함께 발전해 나가도록 해야 한다.

넷째, 비전이 있어야 한다.

비전이란 말은 사전적으로 '내다보이는 미래의 상황'이라 되어 있다. 즉 현재의 상황을 그대로 연결시켜 앞을 보는 것이 아니라, 현재는 어렵고 암울하다 하여도 미래에는 이런 상황이고 싶다는 것을 그려 보는 것이 비전인 것이다.

이 비전은 리더의 자질 가운데 가장 중요한 덕목이라 말할 수 있다. 왜냐하면 현재가 어렵고 낙담적인 상황의 연속이어서 당장 내일을 생각할 수 없는데, 그보다 더 긴 시간 뒤를 바라보며 희망을 말한다는 것이 말처럼 그렇게 쉽지만은 않기 때문이다. 전문가들의 말에 따르면 극단적인 현재의 어려움은 미래를 아예 상상할 수 없게 만든다고 한다. 아울러 그것이 현재와 전혀 다른 예상할 수 없는 전문가적인 영역이라면 더욱 그렇다.

비전을 위해서는 끊임없는 새로운 것에 대한 창의적인 정신이 필요하다. 현재 눈앞의 사소한 것에서부터 지속적으로 행하여 온 그 어떤 것들이라 하더라도 미래를 위해 새로운 창조를 위해서는 변화를 줘야 한다. 최근에는 조직의 성공을 위하여 비전의 중요성을 점점 더 강조하는 방향으로 변화하고 있다. 오로지 통제와 기획만을 강조하던 과거의 전통 경영방식과는 분명히 다른 차이를 보여주고 있다.

　대기업과 같이 많은 사람들이 움직이는 조직에서는 통제, 기획 그리고 평가라는 사고의 틀에서 '비전을 가지고 있는 사고'의 틀로의 변화는 많은 어려움이 따른다. 그에 비하면 소규모 사업자의 리더는 본인이 생각하는 그 조직의 미래를 각각의 구성원들과 공유하기가 비교적 수월하다. 창업하면서 '그냥 먹고만 살면 되지'라고 창업하시는 분들도 계실 것입니다.

　그러나 본인의 명쾌한 미래에 대한 비전을 세우고 그 비전을 함께 땀을 흘리는 여러분의 직원들과 함께 공유해 나간다면 그들에게 새로운 꿈과 희망을 주며 강력한 리더십을 만들어 나갈 수 있을 것이다.

2.
시작부터 승자의 마음을 가져라

사업을 처음 시작하시는 분들은 누구나가 다 두려운 마음이 생긴다. 한두 번 실패를 맛본 후 다시 시작하시는 분들도 마찬가지이다. 그러나 그런 생각은 창업에 아무런 도움도 되지 않는다. 오히려 중요한 의사결정에 있어 잘못된 길로 인도할 뿐이다. 아울러 그런 마음가짐은 함께 일하는 직원들의 사기를 꺾기만 할 것이다.

새로운 시작을 하는 창업에 있어서의 마음가짐은 "지금까지 이 상권에서 수고들 하셨습니다. 이제 제가 영업을 시작하니 간판 내리시고 다른 길들을 알아보시지요."라는 승자의 마음으로 사업을 시작하셔야 한다. 물론 입으로 그런 말을 해서는 안 된다. 마음으로부터 그런 생각을 굳히고 모든 마케팅 활동에 그런 마음이 들어가야 하는 것이다.

그런 냉정하고 단호한 마음가짐을 가지지 않고서는 요즘과 같이 치열한 소매업 경쟁 틈바구니 안에서 성공적인 창업을 하기 어렵다. 과거 우리나라 권투 챔피언의 예 속에서 그것을 찾아보자.

지금은 UFC 등의 종합격투기로 인하여 세계적으로 프로 복싱 인기가 예전만 못해졌다. 그 가운데에서 특히 우리나라는 국민소 득의 증가로 힘든 스포츠 경기를 외면하는 분위기 속에서 복싱 경 기에서의 사망사고 등의 영향으로 다른 나라에 비하여 프로 복싱 이 더 많이 침체되어 있다. 그러나 우리나라 프로복싱도 과거 전 세계를 상대로 호령하던 시절이 있었다. 많은 체급에서 뛰어난 세 계챔피언들이 있었는데 특히 경량급에서 한 세대를 풍미한 챔피언 들이 많았다.

최초로 대학생 신분으로 챔피언에 오른 테크니션 챔피언 박찬희 를 비롯하여 경량급으로 무려 80%(20승 중 16승)의 KO승을 기록했 던 돌주먹 문성길, 총 15차례 WBC라이트플라이급 타이틀을 방어 했고 '20세기를 빛낸 25인의 챔피언'에 선정된 짱구 장정구, 무려 17 차례나 타이틀을 방어했던 WBA쥬니어플라이급 챔피언 유명우 등 지금 이름만 들어도 두 주먹이 불끈 쥐어지고 가슴이 뛰던 이 름들이 많았다.

그중에서 장정구 선수와 유명우 선수는 동 시대에 같은 체급의 세계챔피언을 양분(WBC, WBA챔피언, 현재는 너무 많은 권투기구가 있어 많이 퇴색되었지만, 당시에는 두 기구가 가장 인정받았던 권투기구였음)하였던 뛰어난 챔피언들이었다. 그 시대는 세계권투계를 호령하던 유명한 챔피언 들은 대부분 중남미계열이었던 때였으므로 비록 경량급이지만, 5 년 이상 긴 시간 동안 우리나라가 그 체급에서 내로라하는 강자의 위치에 있었으니 많은 권투 팬들의 자긍심이 대단했던 시절이었다.

지금도 마찬가지이지만 챔피언에 도전하기 위해서는 도전자의 세계랭킹 순위가 10위권 안에 들어 있어야 자격이 있다. 그리고 세계 10위 안에 위치할 정도의 실력이면 당연히 WBC나 WBA 양쪽 랭킹에 이름이 올라 있었다. 그런데 그 당시 10위 안에 올라 있는 대부분의 선수들은 양쪽 선수(장정구, 유명우)에게 패한 선수들이었다. 요즘은 모르겠으나 당시는 KO로 패한 선수는 최소 3개월은 운동을 시키지 않았다고 한다. 몸에 너무 큰 충격을 받아 운동을 시작하는 것은 무리가 있다는 뜻이다.

그런데 장정구 선수에게 패한 선수들은 그래도 조금 나은데, 유명우 선수에게 패한 선수들은 아무리 쉬어도 몸이 잘 돌아오지 않더란다. 나중에 그 원인이 밝혀졌는데 아이러니하게 그건 유명우 선수의 주먹이 약해서였단다. 유명우 선수는 주먹이 상대적으로 약해 상대방에게 더 많은 주먹을 내야 했고 그만큼 상대방은 더 많이 맞은 셈이다. 방어전 전적을 보면 유명우 선수는 방어전 절반 이상을 판정으로 이겼고 KO승도 몇 경기 말고는 거의 최종 라운드 가까이 가서 이루어졌다. 필자의 기억도 KO로 지는 선수는 정타에 의했기보다는 주먹의 '데미지'로 인해 그냥 제풀에 지쳐 주저앉아 KO패를 당했던 것이다. 즉 유명우 선수에게 도전했던 도전자들 대부분은 소위 말해 '피똥 싸게 최종 라운드까지 얻어맞은 것'이다. 차라리 문성길 선수처럼 강력한 주먹으로 얻어맞아 그냥 빨리 경기가 끝났던 게 그 도전자들에게는 더 낳았을 수도 있었다.

어쨌건 그런 상황이었으니 그 선수들의 몸 상태가 어떠했을까? 조금 과장되게 표현하자면 옛날 포도청에 끌려가 멍석말이로 죽도록 맞고 와 그 장독(많이 매를 맞은 몸 안에 쌓인 독) **빼느라** 갓난아이 대변을 먹었을 상태가 아니었겠는가? 그러니 아무리 쉬어도 다시 운동할 수 있는 몸으로 돌아오지 않아 그냥 랭킹만 지키고 있었던 셈이다. 그래서 두 선수들의 챔피언 타이틀전을 위해 양 복싱 기구에서는 10위권 밖에 있던 선수들을 10위권 안으로 억지로 넣어 도전자들을 만든 경우가 많았다고 한다.

그럼 당시 이 그 챔피언들은 어떤 마음을 가지고 링 위에 올라갔을까? 그냥 "타이틀 방어만 하면 되지."라고 했을까? 그때 그들 마음속에는 "그래 와라. 다시는 내게 도전하고픈 마음이 들지 않게 해주마."라고 말하며 세계타이틀전을 치렀다던 중남미챔피언들의 마음으로 타이틀을 방어했으리라 생각한다. 그 선수들 중 장정구 선수는 유독 일본 선수들에게 강했는데 일본 선수들은 정말 장정구 선수를 두려워했다고 한다.

그렇다. 비교에 다소 무리가 있다고 하더라도 새로 어떤 상권에 창업을 하러 들어가시는 여러 사장님들의 마음에는 일세를 풍미했던 세계챔피언들의 승리를 갈망하는 그 자신감과 실력을 갖춰 그 상권의 다른 경쟁점의 사람들 마음 깊숙한 곳에 두려움을 심어주어야 하지 않겠는가?

게임에만 기 싸움이 필요한 것이 아니다. 사업에 있어서도 강력한 기 싸움이 필요하다는 것을 알아두시길 바란다.

성공적인 창업을 위해 상권 내의 경쟁업체와의 기 싸움에서 이겨야 한다.

1. 강력한 리더십이 있어야 한다.
   - 리더는 용기가 필요하다.
   - 높은 업무의 숙련도가 있어야 한다.
   - 사람 관리가 되어야 한다.
   - 비전이 있어야 한다.

2. 승자의 마음을 갖고 시작하라.

제5장

게임에서 수비는
최선의 공격이다

게임은 1:1의 게임이 아니다. 일 대 다수이다. 즉 여러 명 대 나 혼자와의 경기인 것이다. 그러므로 게임에서는 공격을 해 많은 돈을 따는 것도 중요하지만, 대형 사고가 터지지 않게 방어를 잘 하는 것도 매우 중요하다. 그래서 고스톱에서는 먼저 면피를 하면 서 상대방의 점수가 날 수 있는 패들에 대해 지속적으로 견제를 하는 것이 필요하다. 그러면서 내가 날 수 있는 다음 계획을 세우 는 것이다. 아울러 카드로 하는 게임 특히 포커의 경우는 레이스를 통해 먹을 수 있는 판은 확실히 먹는 것도 중요하지만 흐름 상 아 니다 싶을 때는 좋은 카드를 쥐고 있다고 하여도 과감히 덮으며 수 비를 할 줄도 알아야 한다.

창업에서도 마찬가지이다. 오프라인 상권 내의 창업의 경우 해 당 상권의 동업계의 모든 업체가 다 경쟁업체이다. 최소 몇 십 대 일이 넘는 경우가 다반사이고 치열한 상권의 경우는 백 대 일이 넘는 경우도 흔하다.

　창업을 준비하시는 많은 분들 중에 "온라인 창업이 대세지 오프라인 창업은 돈도 많이 들어가고 여러 가지로 어렵지 않아?"라고 질문하시는 온라인 예비창업자들이 계시는데 그분들이 꼭 알아두셔야 할 것이 있다. 온라인 창업의 경우는 몇 십 대 일의 경쟁이 아니라 몇 백 대 일의 경쟁 상황이 대부분이라는 것이다. 그리고 오프라인처럼 경쟁점이 눈으로 보여 그에 상응하는 마케팅 전략을 세울 수 없고 오직 가격으로만 승부를 해야 하는 경우도 흔하다. 그만큼 온라인에서의 고객관리는 오프라인의 일반 점포보다 훨씬 어렵다는 것을 꼭 기억하시기 바란다. 그리고 그런 온라인 창업의 경우 수비와 관련된 고객관리의 여러 가지 제반 여건이 오프라인 창업보다 어렵다는 것을 알아두시기 부탁한다.

1.
고객, 그 마음의 변화를 잡아라

창업에 있어 공격은 고객들을 점포로 끌어들이는 모든 마케팅 행위들, 즉 광고, 이벤트 행사, 점포 리뉴얼 공사 등을 들 수 있는 반면, 게임의 수비와 같은 항목들 중 가장 중요한 것으로는 우선 고객관리가 그 범위에 들어간다고 할 수 있다.

그리고 이 고객관리는 아무리 강조해도 지나치지 않을 만큼 중요한 항목이다. 모든 산업 활동에는 고객이 필요하다. 제조업, 도매업, 소매업 등 어디라도 고객들이 있고 그 고객관리는 지속적인 조직의 발전을 위해 꼭 필요한 것이다. 그 중 소매업은 최종 소비자가 고객인 만큼 그 관리가 매우 어렵다. 그 이유는 소매업의 경영의 특징에서 찾을 수 있다.

소매업의 경영의 특징을 간단히 정리해 보면 다음과 같다.

- 소매업의 평균 판매 규모는 제조업보다 매우 적다.
- 대부분의 소비자는 매장의 레이아웃에 따라 이동하면서 계획적으로 구매하는

경우가 매우 드물다.

- 소매업체는 소량 구매나 높은 비용 등을 통제할 수 없다.
- 그러므로 소매업은 고객 수를 최대화하고, 충동구매를 하게 하여 이를 통하여 매출을 증대하는 모든 마케팅 활동을 동원하는 것이다.

앞에서 알아본 소매업의 경영의 특징 중 가장 중요하며 사업의 성패를 좌우할 수 있는 것으로 고객의 수를 최대화해야 한다는 것을 알았다. 그럼 그 고객을 어떻게 해야 늘릴 수 있고 늘어난 고객은 무슨 방법으로 떠나지 않게 할 수 있는지에 대하여 알아보자.

먼저 점포를 찾는 고객들은 일반적으로 다음의 5가지 단계를 거쳐 그 점포의 충성 고객으로 변화한다. 그러므로 각 단계별로 고객들의 마음을 헤아려 그에 맞는 고객관리는 어떻게 해야 하는지 그리고 그 고객들을 모을 수 있는 광고 등 마케팅은 어떻게 진행해야 하는지에 대하여 알아보자.

잠재고객 단계	기업(점포)에 대해 모르거나 인지하고 있어도 관심이 없는 고객의 단계
관심고객 단계	어느 전도 인지하고 있거나 관심을 가지고 있는 고객. 신규고객 확보 시 최우선 고객 단계
신규고객 단계	처음 거래를 시작하는 고객으로 충분한 만족감을 심어 준다면 차후 거래에도 긍정적인 단계
기존고객 단계	지속적인 반복 거래가 가능한 고객 단계(모티브를 제공할 수 있어야 함)
충성고객 단계	커뮤니케이션이 없어도 주위의 다른 사람들에게 입소문을 내 주는 고객 단계

1단계의 잠재고객 단계라 함은 새롭게 상권에서 창업을 시작하였으나, 그 상권의 소비자 고객들이 전혀 알지 못하거나 지나가면서 보고 알게 되더라도 특별한 관심을 갖지 않는 단계로서, 오픈 공사 중이거나 오픈한 후라도 진행된 광고가 고객들에게 전혀 전달되어 있지 않은 상태의 고객 단계이다. 이때는 고객들을 새로 오픈하는 점포로 발길을 돌리게 하는 데 모든 마케팅 활동에 초점이 맞추어지는 고객관리 단계이다.

당연히 고객들의 시선을 점포로 돌릴 수 있게 많은 물량공세의 광고와 이벤트 행사가 있어야 되며 광고는 상품광고도 좋지만 고객들의 관심을 끌고 사장님들이 원하는 점포의 이미지를 심어 줄 수 있는 이미지 광고에도 충분한 노력을 기할 때이다.

2단계의 관심고객 단계는 그 자리에 오픈한 점포에 대하여 알고 있거나 자세하게 알지는 못하나 어떤 업종의 아이템이 입점하였는지에 대하여 대충이나마 알고 있는 정도의 단계로 "시간이 되면 한 번 가 볼까?" 정도의 관심을 갖고 있는 단계이다. 이 단계의 고객들은 신규 고객을 확보하기 위해 광고를 할 때 최우선 단계의 고객들로서 광고를 진행할 때 그들의 궁금증을 해소하거나 구체적인 관심을 끌 수 있게 하는 상품광고가 효과를 보는 고객의 단계이다. 아울러 신규 고객들을 확보하기 위해서는 이 단계의 고객들을 집중해서 공략해야 한다.

3단계의 신규고객 단계는 어떤 이유로든지 처음 거래를 시작해서 한두 번 더 방문하며 그 점포에 대하여 긍정적인 마인드를 쌓아가는 단계로 부정적인 부분에 대하여는 의심을 완전히 풀어버리는 단계는 아니다. 그러므로 점포에서는 각 고객들에게 충분한 만족감을 심어줄 수 있도록 각별히 주의를 하고 다시 한 번 더 점포를 찾아오고 싶은 마음이 들도록 서비스에 최선을 다해야 한다. 그리고 이 단계에서는 고객들이 다시 방문할 수 있는 확실한 동기부여 등의 별도 관리가 필요한 단계이다.

4단계의 기존고객 단계는 안정적인 고객단계로 별도의 마케팅이 없어도 꾸준히 점포를 찾아오는 단계로 고객들의 마음속에 그 점포에 대한 확실한 믿음이 자리 잡게 되는 단계이다. 이 단계에서는 별도의 마케팅이 없어도 지속적으로 그 점포를 찾아오는 단계이기는 하나 완전한 충성 고객의 단계에 이른 것이 아니므로 점포의 대표자가 지속적인 관심을 보이는 것이 좋다.

5단계의 충성고객 단계는 점포의 어느 구성원과의 접촉이나 인간관계가 없어도 점포를 찾아오고 점포 내의 어떤 사람이 실수나 불편한 응대가 있었다고 하더라도 결코 마음을 다른 곳으로 돌리지 않고 그 점포에 충성하는 단계이다. 아울러 주위의 다른 사람에게 꾸준히 그 점포로 갈 것을 추천하는 등 마케팅의 최고봉인 입소문 마케팅의 주력 멤버가 되는 단계이다. 점포의 입장에서는 별도의 관리가 필요 없는 수준이라 하더라도 기존고객 단계에 계시는 분들과 함께 고객 리스트를 작성하여 별도 관리를 하시는 것이 중요하다.

2.
파레토의 법칙, 충성고객 이렇게 만들어라

여기서는 그 유명한 파레토의 법칙에 대하여 함께 알아보고 그 법칙을 고객관리에 어떻게 적용시켜야 보다 효율적인 고객관리가 되는지에 대하여 알아보도록 하자.

이탈리아의 경제학자이자 사회학자인 파레토는 인간행위와 사회적 사실에 관한 독특한 체계를 세운 바 있는 학자이다. 그는 어느날 우연히 개미들이 일을 하고 있는 것을 보게 되었다. 그런데 모든 개미들이 다 열심히 일을 하는 것은 아니었다. 열심히 일하는 개미와 그렇지 않은 개미들이 섞여 있는 거였다. 그래서 자세히 살펴보니 전체의 20%만이 열심히 일을 하고 나머지는 그렇지 않았던 것이다. 개미란 전체가 다 열심히 일을 하는 줄 알았던 파레토는 궁금중으로 열심히 일하는 20%의 개미를 따로 떼어 옮겨 놓아 관찰해보니 그 열심히 일하던 개미들 중 대부분이 빈둥거리고 다시 그중 20%만 열심히 일하는 것을 보게 되었던 것이다. 그리고 열심히 일하던 20%를 골라내고 나니 나머지 80% 중 다시 20%의 개미들이 열심히 일을 하더라는 것이다. 그리고 그 열심히 일하는 20% 개미의 업무량은 놀랍게도 전체 일의 80%를 감당하는 것을 알게 되었다.

이에 파레토는 어느 조직이든지 전체의 20%가 그 조직의 80%를 감당한다는 사회적 사실을 발표하게 된 것이다. 즉 상위 20%의 부자가 그 사회 전체 부의 80%를 가지고 있고, 20% 인구가 세계자원의 80%를 쓰고, 회사의 20% 인재가 80%의 성과를 올린다는 것이다.

그리고 이런 파레토의 법칙은 우리 주위의 많은 점포에도 그대로 적용이 된다. 즉 전체 20%의 고객이 매출의 80%를 올리는 것이다. 점포에 찾아오시는 모든 고객 중에서 20%의 충성 고객이 여러 사장님들의 점포 매출에 절대적인 기여를 하고 있는 것이다.

그럼 매출을 올리기 위한 고객 늘리기는 어떻게 해야 할까?

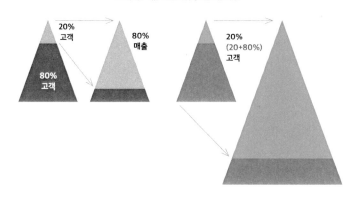

파레토 법칙을 활용한 매출 증대

답은 20%의 충성 고객을 제외한 나머지 80%의 고객들을 20%의 충성고객처럼 만드는 것이다. 그러면 자연스럽게 4배로 고객이 증가하는 것이다.

예를 들어 점포에 오시는 고객들이 100명이면 20명의 충성고객이 있고 나머지 80명의 비 충성고객이 있는데 그 80명을 충성고객으로 바꾸어 총 100명의 충성고개들을 만들 수 있으면 자연히 점포를 찾아오시는 고객 수는 20:80의 법칙에 따라 비 충성고객 400명이 늘어나 점포를 찾는 고객의 총 수는 500명이 되는 것이다.

물론 80명의 일반 고객들을 전부 충성고객으로 바꾼다는 것은 예를 든 이론적인 것이어서 500명으로 늘어나지는 않을 것이다. 그러나 그 80명의 절반인 40명만 충성 고객으로 변화시켜 총 60명의 충성 고객이 가능하다면 그들로 인해 240명의 고객이 늘어 전체 고객 수는 300명으로 3배가 증가한다.

기존 고객들을 충성고객으로 변화시키는 것이 생각처럼 그렇게 쉽지는 않을 것이다. 그러나 불특정 다수인들을 대상으로 그 인원만큼의 고객을 늘리는 것과 조금이라도 애정을 가지고 그 점포를 이용했던 고객들을 충성고객으로 변화시키는 것을 비교해 보면 후자가 금전적으로나 시간적으로나 훨씬 수월할 것이라 확신한다.

앞의 항목에서 언급한 1~4단계의 고객들을 충성고객으로 바꾸는 방법은 업소마다 같을 수가 없다. 사장님들의 성품이나 성격이 다르고 각 업소의 마케팅 전략이나 전술이 다르기 때문이다. 그러나 고객들은 아주 단순한 한두 가지 행동에도 감동을 받으며 충성고객이 되길 마다하지 않는다.

한 가지 예를 들어 보고자 한다. 몇 년 전 한 가지 프로젝트를 진행할 업무가 있어 강남의 B급 상권인 H상권에서 두 달 남짓 거주한 적이 있었다. 그곳은 특별히 음식점이 발달할 수 있는 여건이 되지 않는 곳이었다. 전문식당가 지역이 아닌 일반음식점이 주로 입점이 되어 있는 지역이었다. 저녁 시간대는 식사와 주류를 점심 시간대는 백반과 찌개류를 판매하는 평범한 오피스 타운이었다. 그런데 유독 한 음식점만 점심 시간대가 되면 문전성시를 이루는 집이 있었다. 다른 음식점들과 비교하여 특별히 맛이 있다거나 메뉴가 특별하거나(요일별로 주요 메뉴가 결정되어 있었음) 지리적으로 접근성이 좋은 것도 아니었다. 그러나 조금이라도 식사시간이 불편하지 않으려면 11시 30분 전에는 도착해야 했다. 처음에는 함께 계시던 분들이 왜 꼭 그 집을 가는지 잘 몰랐으나 그 이유를 아는 데는 긴 시간이 필요치 않았다.

이유는 두 가지였다. 밑반찬과 추가 주문 시 신속성이었다. 먼저 그 음식점은 점심 시간대의 식사 밑반찬 중 1~2가지는 꼭 손이 많이 필요한 반찬을 준비해 늘 조금이라도 풍성해 보이도록 하는 것이다. 그리고 그 반찬에 손이 많이 가 주 메뉴가 나오기 전 다 먹어(우리나라 식 습관 중 하나는 음식이 나오기 전 반찬을 '애피타이저'처럼 먼저 먹는 습관이 보편화되어 있음) 떨어지게 되어(필자는 계란말이를 좋아해 늘 계란말이를 먼저 먹었다.) 그 바쁜 와중에 추가주문을 하면 어떤 일이 있어도 다른 업무에 우선하여 추가 주문한 것을 가져다주었다. 어떤 때는 그렇게 빨리 가져오는 게 신기해 보이기도 했다. 그렇다고 홀에 서빙

하시는 직원 분들의 숫자가 다른 집에 비하여 많은 것도 아니었다. 마치 복잡한 기계들이 서로 톱니바퀴와 같은 것으로 맞물려 정신 없이 돌아가도 한 치의 오차도 없이 도는 것과 같은 느낌이었다.

그리고 추가로 반찬을 시킨다고 하여도 절대로 적게 가져오는 적이 없었다. 최소한 기본적으로 최초에 있었던 만큼은 가져 왔다. 거기에 "이 반찬 많이 주세요."라고 말하면 주문한 사람이 부담스러울 만큼 많이 가져온다. 일반 밥집에 가서 계란말이 밑반찬을 다 먹고 "아주머니 계란말이 많이 주세요."라고 했다고 표정 하나 바꾸지 않고 접시에 가득 담아서 가져온 집은 필자의 기억에 그 집이 유일했다. 어쩌다 그러는 것이 아니었다. 언제든지 밑반찬이 떨어져 달라고 하면 신속하게 가져왔고, 많이 달라고 하면 시킨 사람이 부담될 정도로 가져 왔다. 그런 집이었다. 필자도 함께 업무를 진행하셨던 분들처럼 그 집의 충성고객이 되는데 며칠 걸리지 않았다.

충성고객을 만든다는 것은 이런 것이지 않을까 생각한다. 고객 개개인의 특징을 다 암기해 그에 맞게 응대하거나 매출에 비례하여 큰 사은품을 선물하는 등의 마케팅전략이 아닐지라도 점포의 직원 (사장님도 아니었음)으로서 고객의 입장을 배려하는 마음 씀씀이만으로도 잠재고객을 충성고객으로 바꾸는 것이 아닌가 생각한다.

방문했던 고객들이 돌아가면서 한 번 더 뒤돌아 볼 수 있는 그 점포만의 매력 포인트를 만들어 감동을 주는 것이 충성고객으로 변화시키는 첫걸음인 것이다.

3.
변화하는 고객만족과 서비스의 개념을 간파하라

우리들은 살아가면서 끊임없이 소비활동을 하는 경제적 동물이다. 따라서 성별, 연령별, 주거지역별, 교육이나 문화 등의 차이에 상관없이 각자의 욕구를 충족시키기 위해 여러 종류의 많은 상품과 서비스를 소비하는 소비 주체로 경제활동에 참여하고 있다.

그런 소비 주체인 소비자의 소비 성향은 각각의 소득액과 개인의 취향과 기호 등 주관적인 요소에 따라 좌우되며 그에 따른 자유로운 선택은 현대의 시장경제체제 속에서 생산을 결정하고 생산된 상품의 판매와 관련된 서비스를 그들이 원하는 방향으로 유도하는 역할을 한다.

그러나 현대의 소비자들은 너무 많은 상품 속에서 판단능력의 부족과 과도한 과장 광고, 판매서비스 등으로 그들의 올바른 선택을 위협 받기에 이른다. 과거의 소비자들은 생산자나 판매자들이 원하는 방향의 서비스를 받는 것이 올바른 선택으로 자신을 이끈다고 생각하고 그들의 행동을 받아들였으나, 점차 그것은 소비자들이 원하는 것들이 아님을 인식하며 자신들만의 소비 색깔을 갖기를 원하기에 이르렀다.

또한 생산자나 판매자들은 자신들의 무한 경쟁 속에서 그렇게 변화하고 있는 소비자들이 그들의 생존을 쥐고 있다는 것을 냉정하게 인식하게 되었고 소비자들의 만족을 위한 서비스에 눈을 뜨게 되었다.

과거 생산만 하면 물건이 팔리던 시대에는 서비스의 개념이 부족했다. 당시는 소비자의 만족에는 좋은 상품을 만들면 된다는 생각에 회사의 업무역량을 상품 제조에 집결하였다. 즉 품질, 기능, 성능, 효율 등을 중요시하였던 것이다. 거기에 더하여 상품의 디자인 포장, 사용방법의 간편성 등의 '하드웨어'적인 것에 상품의 가치를 두었던 것이다. 이런 내용들을 창업을 준비하는 소매업에 비교하자면 소비자들이 특별히 선호하는 특정 아이템의 창업이거나 '요식업'으로 치면 전통적인 맛에 중심을 둔 상품에 포인트를 두어 고객의 만족으로 창업을 준비하는 것으로 비교할 수 있다. 즉 좋은 상품의 제공으로 고객만족 서비스를 하는 것을 말한다.

그러나 그와 같이 상품에 중점을 두고 고객만족을 하던 시대에서 고객의 서비스에 변화를 주면서 판매의 주체가 원하는 매출이나 소득을 구하는 시대로 무게중심이 움직이고 있다는 것을 알고 창업을 준비하여야 한다.

그렇다면 서비스의 변화는 어느 요소들의 변화를 말하는 것일까. 그것은 점포의 분위기, 상품 제공과 관련된 애프터서비스 등과 소비자들의 소비를 사회에 환원하고 있는 것을 알리는 등의 사회공헌 등의 직접서비스로의 변화를 들 수 있다.

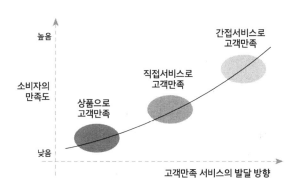

서비스 수단과 고객의 만족

여기에서 점포 분위기의 변화라 함은 고급스러운 인테리어를 하라는 것이 아니라, 판매하는 아이템과 어울리는 아주 특별한 인테리어(그 포인트는 철저하게 고객의 만족임)를 실시하는 것이다. 그러기 위해서는 타킷 고객의 포인트를 좁혀 인테리어를 하는 것으로, 경우에 따라서는 인테리어 비용을 대폭 절감할 수도 있다. 상품 제공과 관련된 애프터서비스라 함은 소비자를 응대하는 종업원의 복장, 언어, 인사, 상품 지식 등의 전통적인 응대에서부터 응대 방법의 변화(요즘의 응대 변화의 트렌드는 자유방임) 등 눈에 보이지 않는 서비스의 전략적인 변화를 내포하고 있다. 그리고 소비자의 소비 환원이라 함은 소비자들의 소비 금액을 일정금액 사회로 환원하고 있다는 것을 인식시켜 줌으로써 소비자를 직접 만족시키는 서비스 방법이다.

그리고 앞으로 한 걸음 더 나아가 해외의 다국적기업이나 국내의 대기업들이 기업이미지를 제고하기 위하여 주로 사용하고 있는 마케팅 기법인 '간접 소비자 만족 마케팅' 역시 소규모 창업에서도 적용 되고 있다. 그러므로 이를 인지하고 그에 맞는 소비자 서비스를 전개해 나간다면 하시고자 하는 사업에서 경제적인 성공뿐 아니라 정신적으로도 많은 만족감을 가질 수 있다.

예를 들면 지역 주민 특히 노인이나 불우 아동들을 위한 지원, 지역 환경을 위한 캠페인의 참여 등을 들 수 있다. 그러나 이런 것들 외에도 조금만 관심을 갖고 찾아보면 업종에 따라 얼마든지 점포의 이미지를 올릴 수 있는 간접서비스를 찾을 수 있다. 그리고 이런 서비스는 고객들의 발길을 점포로 돌아오게 하는 것보다는 단 한 번이라도 이용했던 고객들의 발길을 다른 곳으로 이동하게 하지 않는데 매우 요긴한 마케팅전략이라 할 수 있다.

이렇게 상품서비스에서부터 직접서비스를 거쳐 간접서비스로의 변화가 왜 일어나는가 하면 그것은 산업의 발달과 함께 소비자들의 생활수준이 높아지며 소비자들이 추구하는 그들의 삶이 조금씩 더 높은 단계의 만족을 추구하는 데에 원인이 있다. 즉 인간욕구의 마지막 단계(매슬로우의 인간욕구 5단계를 참조)인 자기실현 욕구의 단계를 추구하는 고객들이 늘어나고 있기 때문이다. 창업을 하면서 처음부터 이 단계의 서비스를 진행할 수는 없겠지만 계획을 세우고 준비는 해야 하리라 생각된다.

'슈틸리케' 축구 국가 대표 감독은 수비의 중요성을 강조하며 "공격은 관중을 부르고, 수비는 우승(승리)을 부른다."라고 했었다. 스포츠의 명언이지만 그 말은 창업 시장에서도 그대로 적용되고 있음을 아시고 성공적인 창업에서의 수비인 고객관리에 만전을 다하여 준비를 했으면 하는 바람이다.

제6장

게임은 대세의 흐름을
읽어야 이길 수 있다

게임을 시작해서 판이 지나가면 평소와 다르게 그날따라 강세를 보이는 선수가 있음을 알 수 있다. 또한 유달리 게임이 잘 안 풀리는 선수가 있게 마련이다 소낙비는 피해가라고 그날의 강자는 적당히 피해가는 요령이 필요하다. 또한, 판이 돌다 보면 전체적으로 선이 어떻게 바뀌는지 흐름이 있다. 게임의 승률을 올리려면 그런 대세를 읽는 눈을 갖는 것이 매우 중요하다.

그리고 함께 게임을 하는 상대방들의 전략이나 얼굴표정, 행동, 무의식적인 습관 등을 빠른 시간 안에 파악하는 것도 꼭 필요하다. 화투로 하는 게임의 경우는 손에 들어오는 패 중심으로 1~2번째 먹는 패를 보면 그 판의 전술을 알 수 있지만, 사람들의 기질에 따라 큰 흐름의 전략은 다 다르기 때문에 그 전략을 빨리 파악하는 것이 좋다. 그리고 카드로 하는 게임의 경우는 상대방의 배팅 습관을 최대한 빨리 읽어야 하고 전체적인 흐름을 파악하는 것이 좋은 승률을 가져갈 수 있다.

창업을 위해서도 마찬가지다. 우리나라 경제의 큰 흐름을 읽어야 하는 것은 당연하고, 소매업의 유통이 어떻게 변화하고 있는지, 아울러 그에 맞게 어떤 업태나 업종들이 발전 단계이고 쇠퇴하고 있는지 알아야 하는 것이 중요하다. 이것은 아이템의 선택이나 입지의 선택 마케팅 전략 등을 세우는 데 꼭 필요하기 때문이다.

그리고 그런 여러 가지 변화 중에서 가장 중요한 것은 여러분이 창업한 후 여러분의 점포를 찾아 주실 고객들에 관한 것이다. 소비자들이 과거와 달리 최근에 어떻게 변화하고 있는지 알아야 하고 그렇게 변할 수밖에 없는 여건은 무엇인지, 또 그로 인해 미래에는 어떻게 추가로 변할 것인지 아는 것은 창업 시점뿐 아니라 창업 후에도 여러 가지로 매우 큰 힘이 될 것이다.

대부분 창업하고자 하시는 여러 사장님들의 생각은 거의 대부분 과거의 경험을 중심으로 과거의 소비자들의 생각이나 소비 환경 속에 있다. 그리고 소비자들의 변화는 여러분이 아시고 계신다 해도 그 아시는 것보다 훨씬 빠르게 여러 방면으로 변화하고 있다는 것을 알아야 한다.

이에 이번 항목에서는 창업의 전략 및 전술에 가장 요긴하게 활용할 수 있는 현재 우리 사회의 경제 사회 유통의 흐름에 대하여 함께 알아보고 또 그에 맞는 창업의 업종과 아이템의 결정 배경 요소들은 어떤 것들이 있는지 검토해 보자

1.
소비자의 변화와
마케팅의 이해

먼저 여기서 사업이나 창업과 관련해 가장 많이 말하고 듣는 단어인 '마케팅(Marketing)'에 대하여 잠깐 정리하자. 우리는 가끔 마케팅의 개념을 판매의 개념과 혼동하기 쉬운데 판매의 개념은 매출증진을 통한 이윤창출의 개념으로 그 출발점은 공장인 반면 마케팅의 개념은 고객만족을 통한 이윤창출로 그 출발점은 시장이다. 즉 마케팅의 개념은 그 중심에 고객이 있는 것이다.

그러므로 성공적인 창업을 위해서는 마케팅 활동의 여러 요소들이 잘 어우러져 고객을 만족시키는 것이 무엇보다 중요하다 할 수 있다. 마케팅 활동의 주요 구성 요소는 사람, 상품, 장소, 광고 등이라 할 수 있다. 이 구성 요소들이 서로 모여 고객의 만족을 주는 것이다. 다음의 그림들을 참고해 보자.

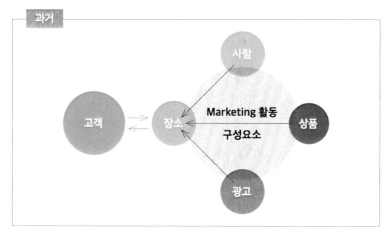

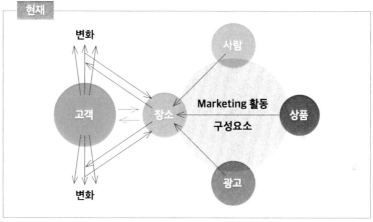

앞의 첫 번째 그림을 보면 마케팅 활동의 구성요소 중 사람과 상품 광고 등이 어우러져 점포로 집중되면 그곳으로 주 타깃 고객들이 오시는 그림이다.

그러나 아래 그림은 기존의 그림에서 위로 아래로 위치가 변한 고객(과거에 비하여 소비자들의 마인드나 구매 패턴, 주변 여건들이 변화)들이 기존의 장소(변화에 대응하지 못한 영업장소)로 오셔서 구입하는 그림이다.

반대로 보면 영업장소의 마케팅 구성 요소들이 변화되어가고 있는 고객들을 따라가지 못하고 있는 모습을 보여 주고 있다.

소비자가 다방면으로 변화되면 마케팅 활동의 어느 한 가지만 변화함으로 그 바뀌는 소비자를 쫓아갈 수 있는 것이 아니고 당연히 마케팅 활동의 모든 부분이 바뀌어야 한다. 또한 4가지의 마케팅 구성 요소 중 한 가지가 변화되었다고 25%의 효과(물론 매출액도 마찬가지임)가 있는 것이 아니다. 모든 면에서 변화에 제대로 응대하지 못할 경우 노력하고 애쓴 만큼의 효과가 나타나지 않는다. 여러 구성요소들이 서로 화합하여 시너지 효과가 나도록 해야 하는 것이다.

물론 그러기 위해서는 그런 소비자들의 변화를 먼저 인지하고 위기감을 갖고 그에 합당한 마케팅전략을 세워 나가는 것이 중요하다.

그런데 현실은 기존의 소매영업을 하시는 사장님들뿐 아니라 새로 창업하시고자 하는 사장님들도 과거의 변화되기 전 소비자들만을 생각하고 계시는 것이다. 이에 이번 항에서는 소비자들이 어떻게 변화하고 있는지 그리고 그 원인들은 무엇인지를 알아보고자 한다.

2.
심리적 중산층의 붕괴

"대한민국의 1인당 명목 GDP는 2014년 27,970달러에서 2020년 36,750달러로 31%증가할 것이고 일본은 같은 기간 36,222 달러에서 38,174달러로, 6% 늘어나는데 그칠 것이다. 그리고 구매력평가(PPP)는 1인당 GDP는 2014년 대한민국이 35,379달러, 일본이 37,519달러로 큰 차이가 없고 2018년에는 대한민국 41,966달러, 일본 41,428달러로 일본을 추월할 것으로 전망됐다. 2020년 추정치는 대한민국이 46,612달러, 일본이 44,329달러다." 즉 대한민국의 1인당 국내총생산(GDP)는 2020년 일본과 비슷해질 것이고, 구매력으로 본 1인당 GDP는 2018년 일본을 추월할 것이다.

- 국제통화기금(IMF) 세계경제전망 예측

앞의 기사는 대한민국 국민이라면 누구나 자긍심을 가질 만한 참으로 자랑스러운 수치이다. 일본이 어떤 나라인가? 세계적인 경제 대국에다 인정하고 싶지는 않지만 강한 단결력, 수많은 노벨상 수상 등 우리나라로서는 부족한 것들을 너무도 많이 가지고 있는 앞서가는 선진국 아니던가.

1910년 한일합방 이후 나라 없는 서러움 속에서 얼마나 많은 선조들이 피를 흘리며 조국의 독립을 염원했었나. 그리고 그 선조들만큼은 아닐지라도 독도의 자국 편입, 위안부 문제, 일본 지도자들의 야스쿠니 참배 등 반성하기는커녕 끝없는 도발을 일삼는 일본에 대해 치를 떨며 언젠가는 꼭 밟아주고 싶다는 생각은 우리나라 국민들이라면 대부분 갖고 있을 것이다.

그런데 그들을 앞서 간다는 소식이다. 그럼 자료들의 숫자 속에 있는 대부분의 사람들은 누구일까? 깊이 생각하지 않아도 그 중심에는 대한민국을 이끌고 나가는 보통 사람인 소위 말하는 '중산층'이 자리를 차지하고 있을 것이다.

그러나 그 중산층들이 앞의 이런 뉴스들을 보면서 얼마나 기뻐하며 그것을 삶의 청량제로 삼을 수 있을까. 그들의 현실이 이런 뉴스에 관심을 가질 만큼 정신적인 여유가 있기는 할까. 그것이 궁금하지 않을 수 없다.

그럼 여기서 '중산층'에 대하여 한번 생각해 보자.

우리나라에서는 어떤 통계자료의 수치들이 적용이 되어야 하고 얼마만큼 수입을 올려야 중산층이 될까.

현재 우리나라 통계청이 공식적으로 사용하고 있는 중산층 기준은 경제협력개발기구(OECD)와 동일한 지표인 균등화 중위소득의

50~150%에 해당하는 가구를 일컫는다. 이를 우리나라에 적용하면 중산층에 들기 위한 월 소득은 188만원~563만원이다. 4인 가구 기준으로 그 정도 수입이면 중산층이라는 것이다. 이 금액을 전체 인구에 대비해 보면 약 65%의 국민들이 이에 속하고 그들이 '중산층'인 셈이다.

그리고 최근 한 설문조사 결과에 따르면 중산층은 평균적으로 월 소득 374만원에 2억 원 상당의 집을 포함한 2억 3천만 원의 순 자산을 보유하고 있는 것으로 나타났다.

그런데 문제점은 그들 스스로 본인들이 생각하는 중산층의 기준과 통계의 중산층이 다르다는 데 있다. 조사대상인 그들은 중산층을 월 515만원의 수입과 3억 7천만 원의 집을 소유하고 순 자산이 6억 6천만 원은 있어야 중산층(현대경제연구원 2014년)이라 생각한다는 점이다. 그리고 이런 조사결과는 과거 우리나라 국민 10명 중 8명은 '내가 중산층이다'(통계개발원 수치를 보면 1990년대에는 약 75%가 중산층)라고 했으나 최근에는 10명 중 8명은 '나는 중산층이 아니다'라고 생각하는 다소 아이러니한 결과가 생기는데 결정적인 역할을 한다.

그럼 가구당 수입은 과거에 비하여 많이 늘었는데 국민들은 왜 그렇게 생각할까. 거기에는 여러 가지 사회 구조의 문제들이 있을 것이다. 우선 끊임없이 올라가는 집값 전셋값 등의 주거문제를 중심으로 세계적으로도 높은 서울의 소비물가, 둘째는 생각할 수 없을 만큼 높은 교육비, 취업해 일을 하더라도 내일을 바라보기 힘든 근무여건, 그런 틈바구니에서 준비되어 있지 못한 불투명한 노후의 대책 등 여러 가지가 복합되어 그런 생각을 하게 될 것이다.

그러나 그중 가장 결정적인 것은 그 조사 대상 중간계층 국민들의 마음의 문제이리라 생각한다. 즉 상대적 빈곤감이 그런 착시 현상을 만드는 것이다. 내가 가지고 있는 떡보다 다른 사람의 떡이 커 보이는 것이다. 그리고 이런 현상은 소비문화에 있어 소비자의 소비행동 패턴에 결정적으로 영향을 미치게 된다.

정부에서 발표하는 객관적인 통계의 숫자가 보여주는 소비자들의 구매력과 실제 구매력은 많은 차이를 보이는 것이다. 그리고 이런 변화는 시간이 지날수록 더 심화되고 있지 나아지지 않고 있다는 것이 불안하기만 한 현실이다.

아울러 이런 심리적인 중산층의 붕괴는 창업과 관련된 마케팅전략에 중요한 의미를 부여한다. 즉 과거와 같이 막연히 그냥 중간 가격대의 상품 전략은 실패의 확률이 높아진다는 것을 의미한다. 창업을 준비하면서 눈여겨볼 대목이 아닐 수 없다.

3.
우리나라 인구 구조의 변화

　우리나라 인구는 국가통계포털 2015년 12월 기준으로 5천백 오십만 명이 조금 넘는다. 그리고 세계 순위도 26위라 하니 한반도 좁은 땅덩어리에 참 많이도 산다. 그러나 경제의 잠재력이라는 측면만 놓고 본다면 결코 많은 숫자는 아니다. 세계적으로 강대국의 기준 중 하나가 인구 1억 명이 넘어야 한다는 전문가들의 의견이 있는 것을 보면 오히려 절대 숫자는 적게 느껴지기도 한다.

　그러나 인구의 수가 문제가 아니라 그 인구수 중 경제력을 뒷받침할 수 있는 인구의 비중이 얼마나 되느냐는 것이 중요하다. 즉 그들의 생산성과 소비 능력이 대한민국의 경제에 있어 얼마나 큰 힘이 되느냐는 것이다.

　그런 면에서 본다면 출산율의 감소와 그에 따른 연령대별 인구 구성의 변화는 멀지 않은 미래에 우리나라의 모든 사회구조에 변화가 올 것이고 그에 따른 사회의 트렌드가 자연스럽게 바뀌게 될 것이다. 그리고 관심을 갖고 자세히 바라보면 이미 적지 않은 부분에서 변화가 진행되고 있다.

이런 인구구조의 변화에 따른 사회적 현상의 변화는 창업의 준비에 중요한 요소이니만큼 충분한 검토가 필요하다고 판단된다.

먼저 우리나라의 인구구조의 변화로는 어떤 것들이 있는지 보도록 하자.

첫째, 출산율의 저하이다.

필자는 어렸을 때에 올림픽을 보면서 미국과 같은 이민자가 중심이 된 나라가 아닌 많은 유럽의 국가대표 선수들 중 흑인선수와 같은 유색인종이 많은 것을 보고 의아 했던 기억이 있었다. 역사적으로 보면 프랑스와 같은 나라는 여러 민족이 모일 수밖에 없는 역사를 가졌다고 하더라도 앵글로색슨족이 중심이 된 영국과 같은 나라의 육상선수들이 대부분 흑인이었던 것은 색다를 수밖에 없었다. 그러나 점차 크면서 그런 의문점들은 해소가 되었고 특히 그와 같은 선진국들의 경우 출산율의 저하로 인하여 그 나라들의 경제의 일정 부분을 그들이 차지하게 되었다는 사실을 알게 되었다.

그리고 현재 우리나라도 그들 나라와 비슷한 상황을 가지게 되었다. 2015년 12월 기준으로 우리나라에 들어와 있는 외국인의 숫자가 180만 명이 넘는다고 하니 조선족과 같이 외형적으로 차이가 나지 않아 표시가 나지 않을 뿐 정말 많은 수가 우리 주위에 있는 것이다. 그리고 그들은 우리 사회가 안고 있는 인구의 문제 특히 출산율 저하에 따른 노동력의 상실 부분을 담당하고 있는 것이다.

그럼 우리나라의 출산율은 언제부터 그렇게 심각하게 되었을까.

통계청 자료를 보면 우리나라의 출산율은 1960년 6명의 출산율에서 꾸준한 정부의 출산 감소 정책(과거에는 출산율을 줄이자고 정관수술을 하면 예비군 훈련을 면제해 주던 웃지 못 할 시절도 있었다)에 힘입어 꾸준히 줄어들어 1981년 2.1명으로까지 낮아진 후 1997년에는 1.52명 2001년에는 1.30명으로 낮아지더니 2005년에는 심지어 1.08명까지 줄어들었다. 그 후 조금씩 높아지기는 하였으나 아직도 1.2명 수준(2014년 1.21명)을 보이고 있다. 이렇게 급격히 출산율이 줄어드는 현상은 세계적으로도 매우 이례적인 것이며 1.2명의 출산율이 어느 정도 낮은가 하면 전 세계 순위로 200위권 밖으로 우리나라보다 더 낮은 출산율을 보여주는 나라는 싱가포르를 비롯한 몇 나라밖에 없다.

지금 이와 같은 출산율을 보이면 100~200년 이후에는 몇 백만 명으로 인구가 감소한다고 하니 심각하다 하겠다. 물론 그전에 국가가 무슨 수를 내서라도 그런 일이야 없겠지만, 출산율의 감소는 현재 기준으로도 산업의 모든 면에 영향을 끼치고 있다.

이런 출산율의 감소에는 여러 가지 원인이 있겠으나 고도 성장기를 거친 후 사회 구조의 변화(많은 자녀를 키울 수 없는 경쟁과 교육 여건의 변화와 많은 자녀를 두지 않아도 되겠다는 사회 구성원들의 인식 성숙도의 변화 등)가 가장 큰 원인이라 할 수 있다. 아울러 출산율의 감소에서 일정 수준까지 반등하려면 국가에서 제도적인 장치가 뒤따라야 할 뿐 아니라 법이 바뀐다고 바로 변화가 따르는 것이 아니니 만큼 바로 효과가 없다고 하더라도 지속적인 지원이 있어야 할 것이다.

출산율의 감소는 노동력의 감소와 소비의 감소, 성장의 둔화가 필연적이며 이는 저 성장, 저 금리, 저 물가, 저 고용과 떼려야 뗄 수 없는 연결고리이므로 이 시기의 창업은 높은 출산율의 시대, 즉 고성장의 시대의 창업과는 근본적으로 다른 시각에서의 창업이 필요하다는 것을 이해해야 한다.

출산율이 낮을 경우에 오는 산업의 변화는 대부분 우리나라보다 앞서 있는 선진국들의 자료들을 참고해 보면 되지만, 우리나라 국민의 특성과 밀접한 예를 들면 '보여주기'와 관련된 아이템 등을 찾아보면 도움이 될 것이다.

둘째, 급격한 노령화와 1인가구의 증가

요즘 우리나라에서 환갑잔치라는 단어가 사라진 지 꽤 되었다. 예외적으로 시골에서 가끔 행해지는 경우는 있지만 대도시에서는 거의 사라졌다고 해도 무방하다. 그것뿐인가 칠순잔치도 해외여행으로 대신하는 경우가 많아지고 나이가 들어 보이지 않기 위하여 상대적으로 젊은 모습의 패션을 과감히 시도하는 모습들도 많아졌다.

그뿐 아니라 노년에 새로운 삶을 설계하고자 황혼이혼을 하시는 어르신들도 많아지는 사회현상이 평균 수명의 증가와 함께 급격한 노령화 속에서 우리 사회의 1인가구의 증가에 한몫을 하고 있다.

그럼 우리나라 인구의 노령화는 언제부터 시작되었을까?

우리나라의 평균 수명의 증가는 산업의 발달과 그 괘를 같이 한다. 불과 몇 십 년 전만하더라도 남성의 평균 수명이 60세가 되지 못했다. 1970년 평균 수명은 남자 59세 여자 66세였던 것이다. 그러던 것이 40년 후인 2010년에는 남자 78세 여자 84세로 늘어났고, 2010년 기준 50세는 남녀 평균 기대 수명이 90세라 하니 우리나라의 노령화는 매우 빠른 속도로 진행되고 있음을 알 수 있다. 그러나 이런 평균 수명의 연장이 마냥 즐거울 수만 없는 것이 현실이다.

그 원인은 앞에서 알아본 출산율의 저하와 노령화가 맞물려 경제적인 어려움과 단계별로 사회의 부정적인 유발효과가 늘어난다는 데 있다. 출산율 저하는 산업인력의 감소와 저성장, 조세의 감소 그리고 노령화에 따른 복지 수요의 증가와 재정부담, 그에 따른 사회 구성원들의 구매력 감소 그리고 결국은 사회 전체의 탄력성이 떨어져 안 그래도 어려운 창업 시장에 먹구름이 되는 것이다.

다만 노령화의 진행 속에서 노후 준비가 되어 있지 못한 관계로 비록 낮은 수입이라 할지라도 65세 이상의 약 30%가 생업전선에서 활동하고 있으며 이들과 관련된 산업이 새로운 틈새시장으로 자리를 잡고 있으니 눈여겨봐야 하리라 생각된다.

그리고 1인 가구(독신 가구)의 증가는 평균수명 연장에 따른 노령화와 함께 우리나라의 새로운 트렌드로 급격히 자리를 잡아가고 있다. 1인 가구가 지금처럼 확대되고 있는 원인은 독신의 증가가 가장 큰 이유이다. 과거의 연애, 결혼, 출산, 분가의 삶의 패턴이 현 우리 사회의 여러 문제로 인하여 무너지며 평생 홀로 사는 1인 가구가 주된 모델로 바뀌고 있기 때문이다. 우리나라의 1인가구는 1990년에는 9%를 보였으나 그 이후 급격히 늘어 2000년 16%,

2010년 24% 그리고 2012년에는 25%를 넘기면서 미래에는 2020년 30%, 2050년에는 약 37%까지 늘어날 것으로 전망되고 있다.

1인 가구의 문제는 비단 서울을 중심으로 하는 대도시에서뿐 아니라 전국적으로 확산되고 있으며 세대별로도 취업에 어려움을 겪고 있는 독신 세대의 주역인 2030세대뿐 아니라 이혼이나 직장 문제 등으로 별거가 늘면서 4050세대에서도 1인 가구 세대에 합류하고 있다. 2030세대의 1인 가구는 결혼과 주택 문제를 포기하는 층이 늘면서 그들만의 즐기는 문화를 형성해 새로운 소비 패턴 트렌드를 만들어 가는 반면 4050세대는 자녀들의 문제, 부부간의 별거, 준비되어 있지 못한 노후에 대한 영향으로 낮은 경제력을 보이고 있는 것이 현실이다. 60세 이상의 노년층의 1인 가구 생활은 미혼, 이혼, 사별 등 다양한 이유만큼 상황도 다양한데, 과거에 비하면 경제력이 있는 층과 극빈자로 내몰리는 계층으로 양분화가 심화되어 가고 있다. 그 중 경제력이 있는 노년층의 소비력은 지금과 비교하여 미래로 갈수록 점점 더 큰 영향력을 가지게 될 것이다. 미국이나 일본의 경우를 보면 30~40대의 소비층에 비하여 60~70대의 경제력을 가진 소비층의 비중이 점차 높아지며 이들을 대상으로 하는 시장이 더욱 확대되고 있다. 그러므로 우리나라 역시 이들이 소비의 일정 비중을 차지하며 시장을 주도할 때가 올 것이다.

셋째, '아마조네스'의 등장

과거에는 '여자는 여자답게 키워야 한다.'라는 생각이 우리나라 어르신들의 생각이었다. 그리고 속담에도 "암탉이 울면 집안이 망

한다."라고 여성의 사회적 지위 상승을 경계하는 시선들이 많이 있었다. 그러나 산업이 점차 발달하는 가운데 자연스럽게 자녀 수가 줄어들어 아들 딸 구별 없이 키우며 여학생의 학업 성취도가 높아져 높은 대학 진학률이 이루어졌고 사회로의 진출 시 여성의 구성비가 높아지게 되었다. 그중에서도 특히 남녀의 구별이 없거나 약한 공무원 사회를 중심으로 여성의 강세가 높아져 초등학교 선생님의 경우는 남자를 찾아보기 어려워졌고 중고등학교조차도 여성의 비율이 남자를 넘어서는 경우가 생기게 되었다. 그리고 남성의 전유물이었던 고급공무원(신임검사의 임용의 65%〈2009년〉)이나 군에서 조차도 여성의 비율이 점차 높아지고 있다. 심지어 전투 병과인 보병에서도 여성 장교들이 등장하고 있다.

이러한 여성 강세의 조류는 이미 시작된 수준을 넘어섰다.

그것은 남녀평등, 고학력, 평생근로 등과 같이 우리 사회가 여성들에게 요구하는 영향에서 기인한 바가 크지만 입사 후 여성의 능력이 남성에 비하여 떨어지지 않고 업종에 따라서 특정 분야에서는 확실한 우위가 드러나기 때문이다.

예를 들어보자. 미래의 산업 분야는 과거와 다르게 새로운 분야가 그 사회를 이끌고 있다. 이런 산업구조의 변화는 시대의 흐름에 따라 변하는 것으로 자연스러운 것이다. 과거에는 굴뚝산업이 우리 사회를 이끌고 갔다면 미래에는 그렇지 않다. 서비스 산업이 주력을 이루어 가고 있다. 현재 우리나라도 서비스산업으로의 급속한 변화에 맞추어 변신하려 애쓰고 있다. 서비스산업은 미래 산업구조의 핵심이다. 그리고 서비스산업에서 여성의 역할은 남성을 강하게 밀어내고 있다.

제조업 전성시대에는 남성의 파워가 절대적으로 필요하였지만 서비스가 중심이 되는 시대는 그런 근육이 필요치 않다. 우리 미래의 표본인 일본의 경우를 보자. 일본은 세계적으로 유명한 제조업의 강국이었다. 그러나 굴뚝 산업의 쇄락과 함께 서비스 산업에 대해 미리 대처하지 못한 현재의 일본은 '잃어버린 20년' 속에서 우리나라의 추격을 턱 밑까지 허락하고 있다.

또한 그런 사회의 변화는 임금의 성별 비중 차이를 줄이고 있다. 일본의 경우 2009년을 기준으로 여성의 가처분소득이 남성을 추월했는데 우리나라도 서비스 분야를 중심으로 남성의 소득을 쫓아가고 있다. 여기에는 남성의 소득이 줄어드는 영향도 크다 하겠다. 경제적으로 강해지는 여성, 일명 '골드 미스'의 등장과 그들의 영역 확대는 미래의 대한민국에 새로운 소비트렌드의 중심축이라 할 수 있다. 만약 현재 우리사회의 적자생존의 법칙이 무제한으로 적용된다면 아마 여성의 판정승이나 KO승으로 갈 확률이 매우 높다고 생각한다.

아울러 결혼 후에도 남성의 수입을 넘어서 서로간의 역할이 바뀌는 현상도 늘어나고 있다. 통계로 잡혀지지는 않지만 우리나라에서도 남자가 집안생활을 하고 여자가 돈을 벌어오는 가구가 상당히 많은 것이 현실이고 그 비중이 점차 늘어나고 있다.

여성의 업무능력 향상과 그에 비례하는 소득의 증가는 가정을 갖지 않는 나 홀로 1인 가구 여성들(연애, 결혼의 무관심)의 소비 능력 향상과 비례하여 새로운 소비트렌드를 형성하고 있는데, 비슷한 소득 수준의 남성들에 비하여 소비의 씀씀이가 큰 특징이 있다. 고가의 유명브랜드 쇼핑이나 해외여행, 주거 환경의 값비싼 인테리어나 값을 떠나 맛을 우선하는 음식 소비문화, 정신적인 만족을 위한 고급문화 활동(그림 구입, 뮤지컬 관람), 자신의 건강을 위한 투자 등 새로운 소비에 경제력을 아끼지 않고 있다.

창업을 준비하고자 하는 아이템의 대상고객 중 만약 이 소비자 계층이 빠져 있다면 근본적으로 다시 검토해야 한다고 말씀드릴 수 있다. 그리고 이 층의 소비 파워는 앞으로도 지속적으로 늘어날 것이다.

4.
소매업 유통의 발전과 변화

창업 시장에서는 농업이나 광업, 도매업 등으로 창업하는 경우가 아니라면 거의 서비스업이나 소매업으로 창업을 한다. 이런 현상은 기존 상권에서 어떤 업종들이 영업하고 있는지 살펴보면 쉽게 알 수가 있다.

구분	명동	신촌	홍대	노원	강남(역재외)	삼성(코엑스)	천호	신림
화장품	76	25	15	11	14	- (10)	12	10
미용실,뷰티	20	17	33	26	8	2 (7)	34	21
케쥬얼 의류	80	14	79	22	4	5 (34)	28	21
의류,스포츠	32	9	10	24	11	1 (12)	29	10
악세서리,모자	11	3	31	6	2	- (37)	11	6
안경,시계, 금은	4	7	26	8	3	- (3)	16	9
신발,구두,핸드백	12	5	24	13	5	- (10)	16	5
마트, 슈퍼	5	9	18	6	5	3(3)	18	11
편의점	11	30	36	12	22	9 (5)	14	12
올리브영,왓슨	5	3	3	1	4	1	2	1
문구,잡화(다이소)	4	5	8	3	8	- (3)	5	2
핸드폰	12	29	22	14	5	5(6)	33	18
베이커리,떡	-	5	5	7	10	3	5	7
한식	126	237	115	118	193	61	96	98
중식,일식	28	39	61	32	45	23	21	18

양식	7	21	59	16	14	4 (11)	9	5
분식	10	11	28	13	12	8	16	18
퓨전	15	13	9	11	27	16 (34)	23	19
오락실(노래,PC)	28	120	95	76	61	17	68	162
술,호프,클럽	27	181	164	65	112	36	59	109
패스트푸드	6	25	5	12	10	- (8)	4	3
커피숍,까페	21	76	104	28	35	27 (20)	29	42
부동산,변호,회계	9	32	20	32	47	10	24	33
고시원,모텔	1	44	26	29	21	25	48	124
은행,증권,보험	22	13	16	23	33	21 (4)	20	9
약국,치과,병원	25	35	8	77	142	9 (6)	49	36
가구,가전,목재	-	3	4	14	-	-	21	3
헬스,마사지	6	13	7	17	14	4	2	11
학원	3	22	19	47	43	5	7	9
기타	45	38	43	32	24	29 (6)	29	48
합계	651	1048	1090	794	934	530	746	881

　서울의 주요 상권의 중심부에 위치한 업종을 종류별로 기록한 자료(2014년 12월 기준)를 숫자로 정리한 것이다. 창업하시고자 하는 예비사장님들의 업종들은 대부분 이 자료에 나타나는 업종의 범위 안에 들어 있을 것이며, 만약 이 자료의 업종에서 벗어나는 업종이 있다고 하여도 아주 특별한 몇몇 업종 말고는 없을 것이다.

　그리고 위의 업종들의 업태를 살펴보면 대부분 소매 업태이고 산업군으로 보면 서비스업들이라는 것을 알 수 있다. 서울의 주요 상권뿐 아니라 지방 대도시의 주요 상권도 비슷한 분포도를 보이고 있다. 아울러 소매업이라 하더라도 업태의 유형이 다양해지고 있음을 알 수 있다. 과거에는 없었던 새로운 소매 업태들이 등장하고 있으며 그 수가 과거에 비해 많아졌음을 알 수 있다. 그러므로 창업에 앞서 상권의 주요 업태인 소매업태의 과거와 현재를 알아보고 미래에는 어떤 방향으로 흐를 것인지 한번 검토해 보고 창업의 업태 선정에 참고할 수 있도록 하자.

1) 업종별 유통의 소매업

소매업의 가장 기본적인 모습이다. 제조업, 농업, 광업, 수산업 등의 업종에서 생산자를 시작으로 도매상을 거쳐 소매상에 이르는 소매업태의 가장 기본적인 모습으로 과거뿐 아니라 현재에도 많은 업종에서 이와 같은 업종별 유통의 형태의 소매업이 주를 이루고 있다.

예를 들어 배추나 무를 농민이 생산하면 도매상을 거쳐 채소류 소매업자가 이를 판매하고, 제조업자가 화장품이나 주류를 생산하면 그 제품의 도매상을 거쳐 소매업자에게 전달되어 소비자에게 도달하는 것이다. 이와 같은 업종별 유통의 특징은 도매업자와 소매업자의 구분이 확실하고 많은 소매업자가 대부분 점포를 하나만 가지고 운영을 한다. 보통 수직적 유통형태를 나타내고 취급하는 상품은 특정 범위에 한정해서 운영하게 되고 업종마다 다른 유통 경로를 갖는 특징이 있다. 이와 같은 유통 형태가 과거의 유통형태 이기는 하나 아직도 많은 지역과 많은 제조업체에서 이용하는 형태이다. 그러나 과거에 비하여 그 비중이 점차 줄어들고 있다.

업종별 유통의 소매업으로 창업은 타 형태의 소매업보다 매출이나 매출이익율은 낮으나 안정적인 영업이 가능하다.

2) 업태형 유통의 소매업

다양한 품목들을 한 장소에서 유통하는 것을 업태형 유통이라 하는데, 상품의 구성을 다양화하기 위하여 도매상의 유통과정도 품목별로 다변화되어 있다. 아울러 같은 품목들도 도매상의 유통 과정을 달리해 가격적인 우위를 점할 수 있는 길을 만들어 놓는다. 생산 기술의 발달로 생산과정의 다양성이 가능해져 같은 제품이라 하더라도 소비자들의 취향에 맞게 최종단계에서 변화를 줘 소비자들의 풍족한 만족이 가능하게 되었다. 아울러 바쁜 현대인들을 위해서 쇼핑시간의 단축이 가능한 업태(예를 들어 원스톱 쇼핑 등)의 등장이 필요하게 되었다. 이 업태형 유통의 등장으로 소매업자가 여러 매장의 운영이 가능해졌고, 그 소매의 파워를 가지고 도매상을 거치지 않고 제조업자나 1차 대형 도매상과의 거래가 가능해졌다.

아울러 이와 같은 업태형 유통 소매점의 등장으로 일물다가(一物多價. 하나의 물건이 여러 가지의 가격으로 판매)의 가격 전략이 등장했으며, 소매 업태 간의 경쟁이 점차 심해지는 계기가 마련되었다.

3) 인터넷 유통 소매업

인터넷을 활용한 새로운 유통 형태의 소매업으로, 과거의 소매업 형태보다 빠른 시간에 급성장하고 있는 형태이다. 과거와 같이 생산업자, 도매업자, 소매업자의 순으로 유통하는 것이 아니라 생산업자에서 바로 소비자로 연결되는 소매의 시대이다. 처음에는 생산업자로부터 소비자로 연결되는 소비 형태가 많았으나 점차 생산업자 외에 도매업자나 소매업자들이 직접 소비자에게 팔고자 하는 상품을 연결하는 소매의 형태로 나타나고 있다.

인터넷 유통 소매업은 매우 쉬운 접근성으로 인해 강력한 소매업으로 발달하였지만 소비자들은 원하는 상품을 만질 수 없이 화면으로만 보면서 가격으로 결정해야 하는 한계를 가지고 있다. 그런 특징은 객관성을 가진 변화가 적은 제품들에게는 아주 좋은 소매의 형태라 말할 수 있다. 그러나 이와 같은 형태의 소매업은 진입장벽이 거의 없는 만큼 치열한 경쟁 속으로 들어갈 수밖에 없다는 것을 꼭 기억하셔야 한다.

그리고 인터넷 유통은 한 걸음 더 나아가 모바일 유통으로 빠르게 변화하고 있는데 그와 같은 현상이 가능해진 이유는 거의 전 국민에게 보급되어 있는 스마트 폰으로 인해 훨씬 쉬운 접근성과 편리성이 속도를 원하는 우리나라 소비자 니즈의 변화를 충족시켰기 때문이다.

4) 복합 멀티 업종 및 업태 유통의 소매업

업태형의 유통과 인터넷 유통 소매업 시대에서 한 단계 더 발전하고 있는 형태의 유통이다. 앞에서 언급한 세 종류의 유통 형태가 서로 복합적으로 엮이는 새로운 유통 형태로서 최근 단순한 물리적 결합뿐 아니라 전혀 다른 업태끼리 서로 화학적으로 결합되고 있는 소매업의 형태이다.

이 멀티 업종 및 업태의 유통은 각 유통업태의 라이프 사이클과도 깊은 연관을 가진다. 처음에는 중대형 매장을 가지고 있는 업태끼리의 물리적인 결합(소매업과 도매업의 결합)의 멀티 유통 소매업이었지만, 점차 중소형 규모의 매장을 가지고 있는 업태끼리의 물리적, 화학적 결합들이 급속히 진행되고 있다. 그리고 그 멀티 유통 업태에 다시 인터넷 유통이 결합하면서 '시너지' 효과를 극대화하고 있다.

이와 같은 과거와 전혀 다른 새로운 유통형태들의 등장은 앞서 함께 알아본 소비자들의 변화에 원인이 있다 하겠다.

그러므로 창업을 하고자 하시는 사장님들은 이와 같은 변화의 흐름들을 사전에 충분히 숙지하여 그에 맞는 창업 전략을 세우지 않으면 안 된다. 지금 변화되고 있는 소비자들의 소비환경들은 과거의 변화 속도보다 앞으로 더 빠르면 빨랐지 늦지 않을 것이다. 그리고 창업하시는 업종의 아이템이 이 항목에서 언급하고 있는 형태의 소매업이 아닐지라도 변화되어지고 있는 소매 유통형태들에 대하여는 지속적으로 알아 두시는 것이 미래를 위해서 좋겠다고 말씀드린다.

5.
소비자의 욕구와 소비트렌드 변화에 따른 신업태

　얼마 전 매스컴의 코미디 소재로나 들릴 법한 말을 직접 듣게 된 일이 있었다. 6.25 전쟁 당시 먹을 밥이 없어 풀뿌리를 먹었고 개울물로 허기를 달랬다는 말이 텔레비전에서 나오니까 그것을 듣던 꼬마가 "밥이 없으면 라면이나 피자를 먹으면 되지 왜 굶어?"라는 말을 진짜 옆에서 듣게 되었다. 순간 당황스러웠지만, 너무 어린 나이라 차마 설명을 못하고 듣고 웃기만 했다.

　지금과 같이 풍족하게 먹을거리가 넘쳐 나는 요즘이라면 밥이 없으면 라면이나 피자가 아니라도 얼마든지 다른 음식으로 식사를 하면 된다. 자장면이나 우동을 먹어도 되고 치킨이나 햄버거를 먹어도 된다. 그것뿐이겠는가. 간단히 우리의 삶 주위에서 접하기 쉬운 먹을거리만 적어 보아도 차고 넘칠 정도로 많다.

　소비자들의 소비트렌드가 왜 변하고 어떻게 변화하고 있느냐고 물어보신다면 앞서 언급한 아주 간단한 대화 속에 그 답이 있다.

예전에는 소비 트렌드라는 말이 필요 없었다. 먹을거리가 부족했던 과거에는 국에 보리밥을 말아 김치하고 먹을 수밖에 없었듯이 필요한 물건을 사려면 상품들이 진열되는 오일장 등 장날에 가서 필요한 것들을 구입할 수밖에 없었다. 다른 선택의 여유가 없었다. 그런데 삶이 조금씩 여유로워지면서 보리밥에 김치 말고 다른 것들도 조금씩 먹고 싶어졌다. 마찬가지로 장날이 아닌 전통시장에 가 필요한 물건을 사게 되었는데, 비오면 신발 질척거리고 추운 날씨에 떨기 싫어지면서 건물 안으로 들어가게 되었고, 다른 사람들보다 조금이라도 더 좋은 물건들을 모아놓은 곳을 원하면서 백화점이 생기게 되어 그곳에서 여유로운 쇼핑을 하게 되었다.

그리고 한 걸음 더 나아가 상품의 질은 좋으면서도 더 풍성한 가격대의 여러 품목들을 원하게 되면서 대형할인점도 생기게 된 것이다. 배고프다고 밥만 먹는 게 아니라 다른 것도 먹게 된 것처럼 소비도 점점 더 소비자들의 소비 만족을 얻는 방향으로 발달하게 되었다.

그러나 그중에서 모든 것이 넉넉한 소비자들은 경제적인 풍요와 여유로운 그들의 삶 속에서 그들을 만족시키길 원하는 '럭셔리'한 업태를 갈망하게 되지만, 또 다른 반대편 쪽에는 경제적인 핍박, 시간적인 부족, 스트레스 등 삶의 여러 좋지 못한 환경으로 인하여 풍요 속에 있지 못하는 소비자들이 그들의 욕망을 채워줄 또 다른 소비의 업태들을 요구하게 되는 것이다.

그리고 시간이 지나면서 점점 더 많은 소비자들이 각자 그들의 많은 욕망을 채워 줄 새로운 업태들을 요구하게 되고 그 결과 어느 틈에 우리들의 삶 속에서는 과거에 전혀 보거나 생각지도 못 했던 소매 업태들이 다양한 모양으로 등장하게 되었다.

구분	브랜드	비고
할인점	월마트 (E마트, 롯데마트)	표준상품을 저가로 다량판매
편의점	세븐일레븐, 24시편의점	미니수퍼 형태
대중양판점	새나라백화점(잠실 롯데월드옆), 해태마트	백화점과 수퍼의 중간
회원제도매점	코스트코, 샘스클럽(월마트)	회비를 정기적으로 내는고객 대상
하이퍼마켓	까루프, 테스코(영국), (E마트, 롯데마트)	디스카운트+수퍼
슈퍼센터	월마트 수퍼센터 (E마트, 롯데마트)	하이퍼마켓의 소형점 수퍼+할인점의 비식품부문
드럭스토어	판도라(메가마트) W스토어(코오롱 웰케어)	수퍼+약국(미국) 수퍼+의약품+화장품(한국)
수퍼 드럭스토어	드리프티, 페일리스, 월그린	수퍼+드럭스토어
멀티 스토어(숍인숍)	GS왓슨스, CJ올리브영	수퍼+화장품 수퍼+양판점
아울렛	이랜드 2001아울렛	이월상품 가격할인
전문할인점 (카테고리 킬러)	하이마트, 토이저러스	상품군의 폭을 좁히고 깊이 있게 취급
파워 센터	몰 오브 아메리카(Mall of America), Lowe's(로우즈)	원스톱쇼핑 형태의 대형 종합 복합쇼핑몰 (카테고리킬러를 한곳에 모은 형태)
홈센터	홈디포, DCM재팬홀딩스	주거 생활과 여가생활 관련상품을 취급

도표는 대형 매장의 점포들을 위주로 기록한 것들인데, 여기서 언급된 업태 외에도 우리들의 일상생활 주위에 소형화되어 있는 새로운 업태들이 계속 늘어나고 있다. 예를 들면 일반 슈퍼보다는 크고 할인점보다는 규모면에서는 작은 그러나 중요 품목은 대형점을 축소해 그대로 가져가는 '이마트 에브리데이'를 들 수 있다. '이마트 에브리데이'는 슈퍼마켓을 표방하기는 해도 일반 슈퍼와는 구별이 되는 소매 업태로 슈퍼마켓에 비하여는 공산품의 비중이 더 높다.

이런 매장의 규모나 상품군의 특징을 가지고 있는 소매 업태는 과거에는 우리나라에 없었다. 외국에서 찾아 비교하자면 미국의 슈퍼센터의 축소판이라고 말할 수 있을 것이다. 그리고 이런 특징의 소형 소매 업태는 앞서 알아봤듯이 한 가구의 구성원이 줄어들어 소비력이 줄고 1인가구가 등장하면서 대형점포로 굳이 찾아갈 필요를 느끼지 못하는 소비자들에 맞춘 소매 업태의 등장이라고 봐야 한다.

만약에 편의점이나 슈퍼마켓과 유사한 형태의 창업을 고민 중이시라면 이와 같은 새로운 여러 소매 유통 형태에 주목을 하여 조사해 보시는 것도 권할 만하다. 다만 점포의 크기는 상권에 따라 많이 다를 수 있으니 유의하시기 바란다.

6.
소비의 양극화와
소비자의 이동

소비트렌드는 소비자의 요구(욕망)에 의해서 계속 변화를 해 간다. 그럼 소비자들의 소비트렌드는 과거와 비교하여 어떻게 변화되고 있을까?

어떤 판매 장소(백화점이나 일반 쇼핑센터 포함)에 있는 전체의 상품(음식 등 모든 종류의 먹을거리 포함)들을 판매가격별로 나누어 고가의 가격대 상품부터 저가의 가격대 상품까지 정리하여 그 수를 세어 그래프로 옮겨 놓으면 다음 그림과 같이 나온다. 즉 중간 가격대의 상품이 가장 많아 중앙이 불룩하게 올라오는 모양이 나온다.

이런 그래프를 처음 그린 사람은 유통학자 '벨'인데, 그가 처음 그렸다고 하여 '벨 커브 곡선'이라고 하기도 한다.

이 '벨 커브 곡선'을 다시 설명하자면 대형 쇼핑센터에 진열되어 있는 상품들을 가격대와 수량별로 나누어 정리를 하면 중간 가격대의 상품이 가장 많고 낮은 가격대의 상품들과 높은 가격대의 상품들이 상대적으로 적다는 것이다. 이것은 그 쇼핑센터를 관리하는 관리자나 영업 책임자들이 의도적으로 그렇게 만드는 것이 아니라 소비자들의 요구를 맞추어 상품을 준비하다 보니 자연스럽게 그런 모양이 나오는 것이다.

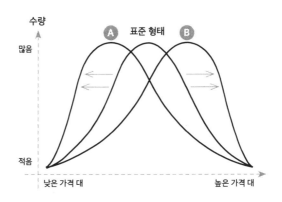

그리고 이런 종의 모양은 그 쇼핑센터가 많은 상권 중 어디에 위치해 있느냐에 따라 그리고 그 쇼핑센터가 추구하는 마케팅의 전략에 따라 A나 B의 곡선처럼 어느 한쪽으로 쏠리는 경우는 있어도 근본적으로 그 모양에는 변화가 없었다.

그런데 필자가 여러 상권들을 조사해보니 이런 현상이 상권 내에서도 그대로 적용되었다. 즉 쇼핑센터의 각 상품들의 분포도와 같이 상권의 각 점포들의 주력 가격대를 중심으로 점포들을 정리해보니 비슷한 모양의 그림이 그려지고 있었다.

이와 같은 현상들은 결국 우리사회의 중산층이 대한민국의 허리를 받치고 있는 것과 비슷하게 쇼핑센터의 모든 상품들 중 중간 가격대의 상품을 소비자들이 가장 많이 찾아 자연스럽게 그 층의 상품이 두터워지게 되었고, 역시 비슷한 이유로 많은 점포들 중 평균 가격대의 점포들이 그 조사 대상 상권의 가장 많은 비중을 차지하고 있었던 것이다. 재미있는 것은 가격대가 아니라 소비 트렌드의 각 장르별로 점포를 정리를 하여 그 분포도를 그래프에 기록하여도 비슷한 현상을 보이고 있었다는 점이다.

그런데 과거(많은 시간이 지난 과거가 아님)의 이런 분포나 소비의 패턴들이 최근 들어 점차 무너지고 있고, 심지어는 중간 가격대를 찾는 소비자들보다 양극단의 가격대를 찾는 소비자들이 더 많은 경우까지 생기게 되었다. 예를 들어 여행과 관련된 상품들에서 이런 현상을 쉽게 볼 수 있다. 과거에 비하여 저가의 여행 상품들은 더 낮게 싸게 구성하고 반대로 고가의 여행상품들은 원하는 소비자들의 충분한 만족을 위해 차별화한 상품들로 기획되고 있다.

그러므로 중간 가격대를 주 고객층으로 삼으며 마케팅을 해온 업소들은 소비자들이 그 점포들로부터 발길을 돌리면서 극심한 매출감소로 고통 받게 되는 것이다. 그중에는 오랜 기간 자리를 잡은 A급 점포들조차도 "최근에 왜 이렇게 장사가 안 되는 거야? 과거 IMF시절도 이렇게까지 어렵지 않았는데."라는 푸념을 하나 그 이유를 알지 못하는 것이다. 다음 그림을 참고해 보자.

그림에서 보듯이 기존 점포의 분포는 과거와 다르지 않은데 점포 내 상품의 단가들은 중간 가격대가 줄어들며 점차 소비자들은 A-B-C라인으로 이동하고 있는 것이다.

여기서 우리가 알아야 할 것은 소비자들이 낮은 가격대로 이동을 한다고 하여도 그들의 모든 소비를 낮추어진 그 가격대의 소비에 만족하지는 않는다는 것이다. 즉 극단적인 낮은 가격대의 상품을 구매했다고 하더라도 또 다른 고가의 소비를 병행하며 본인의 소비가치를 만족시킨다는 것이다. 과거에는 낮은 가격대의 소비는 그 가격대의 소비만으로 가치를 부여했다.

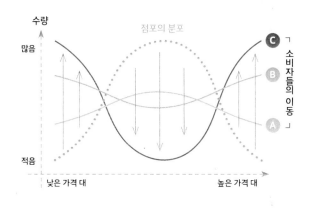

　　그러나 고가의 소비를 충분히 누릴 수 없는 삶의 여건의 속에 있는 소비자들은 고가의 소비에 대해 한계에 부닥친 그들의 고가의 소비만족을 위하여 더 극단적인 낮은 가격의 소비를 추구한다는 점이다.

　　예를 들어 과거 점심시간에 6~7천 원짜리 점심식사를 할 때는 구지 3~5천 원짜리 국수나 비빔밥을 찾아먹지 않았다(그 가격대의 상품도 거의 없었다). 그리고 설령 그 가격대의 음식이 있어도 외면을 했다. 그러나 지금은 3~5천 원짜리 식사를 하면서도 그 가격대의 값비싼 커피를 마시며 그들의 소비에 만족을 하고 있는 것이다. 그리고 반대로 고가의 소비를 하는 소비자들이라 하더라도 극단적인 낮은 가격의 소비를 통하여 그들만의 소비가치를 만들기도 한다.

간혹 텔레비전을 보면 유명 연예인들이 자신들이 입고 있는 옷을 자랑하며 "어느 벼룩시장에서, 어느 구제의류점에서 이 옷을 구입했다."면서 자랑스럽게 말하는 것을 보게 된다. 그 연예인들이 모든 의류를 그런 곳에서만 구입하지 않는다. 또 다른 의류나 가방은 해외 유명브랜드에서 매우 높은 가격에 구입하며 그들의 소비 만족을 높이고 있다. 즉 과거에 비하여 많은 소비자들이 그들의 소비 만족을 위하여 과거에 그들이 이용하였던 여러 가격대에서 새로운 가격대로 이동을 하고 있는 것이다.

여기서 필자는 이해를 돕기 위해 가격대만으로 예를 들었는데 소비자들은 그들의 소비 만족을 위해 또 다른 장르에서 새로운 모순을 만들어 가고 있는 것이 요즘의 현실이고 미래에는 더 급격히 변화해갈 것이다.

오래전부터 자리를 잡고 많은 고정고객들이 있는 점포들조차도 이러한 변화로 인하여 어려움을 겪고 있는데 새로이 창업을 하면서 첫발을 딛고자 하는 사장님들은 어떻게 하여야겠는가? 당연히 그냥 아무 생각 없이 주위에서 이 업종이 장사가 잘되니 해보라는 말에 충분한 준비 없이 시작하는 것은 어떻게 해서든지 피해야 한다. 아울러 이런 소비자들의 소비 트렌드의 변화를 충분히 이해하고 그에 맞는 세부적인 영업 전략을 세워 창업을 준비해야 한다.

그리고 이런 소비자들의 변화는 모든 업종에 걸쳐 일어나고 있다는 것을 꼭 아서야 한다.

7.
힐링 그리고 안티에이징

과거에 필자가 의류 사업을 하던 시절의 재미있었던 일화를 소개해 보고자 한다. 요즘도 그렇지만 과거에는 거의 대부분의 의류매장에서는 소비자들의 관심과 발길을 모으기 위하여 매장의 전면에 매대를 설치했다. 그리고 매대 상품으로는 균일가 행사가 가능한 낮은 가격대의 상품을 모아 판매를 한다. 그러다 보니 아무래도 비인기 상품이나 정상 제품에 비하여 '사이즈'가 많이 빠지는 상품들이 주로 진열 된다. 특히 매대 상품이 바지나 스커트일 때는 적지 않은 고객들이 상품은 마음에 드는데 허리 '사이즈'가 맞지 않아 몇 번을 들었다 내려놓기를 반복하다가 그냥 가시는 경우가 많다. 한 치수 정도는 수선을 하신다고 사 가시는 경우가 있기는 하지만 두 치수가 되면 아무래도 무리이다.

화창한 날씨가 좋은 어느 봄날 40대 후반은 됨직한 고객께서 오셔서 매대 위의 스커트를 계속 만지작거리시며 "맘에는 드는데 사이즈가 안 맞아서…"라고 말씀하시며 망설이고 계셨다. 옆에 있는 판매 사원은 "아니에요. 날씬해 보이세요. 맞으실 것 같은데…. 정 그러시면 입어 보세요!"라고 권하는 게 아닌가. 보통 의류매장에서 직원들이 하는 그와 같은 말들은 판매사원들의 접대용 멘트이지 그런 말들을 곧이곧대로 믿어서는 안 된다.

그 고객은 판매직원의 그 말에 용기가 생기셨는지 입고 계시는 바지위로 입어 보는 게 아닌가. 그런데 필자가 한눈에 봐도 그 고객에게는 많이 작아 보였다. 그 분은 숨을 들이쉬고 억지로 입어 보시고는 "휴~" 하고 숨을 내 쉬는데 허리의 '지퍼'가 그냥 터져 버렸다. 나는 웃음이 나오는 것을 간신히 참았다. 그 고객은 난감해 하며 "상품을 망가트렸으니 사 가겠다"고 하는 것을 만류하며 그냥 보내 드렸다. 고객께서 가신 후 그 상품을 다시 보니 20~30대 초반의 고객 분들에게 어울리는 상품이지 그 고객처럼 40대 후반의 고객에게는 어울리지 않는 상품이었다. 그 고객 분은 그 스커트를 통해서 조금이라도 젊게 보이고 싶었던 간절한 소망이 있었던 것이다.

그렇다. 대부분의 여성 소비자들의 소비 나이는 본인이 태어난 생년월일은 아무 의미가 없다. 오직 마인드의 나이만 있을 뿐이다. 즉 20대의 소비 나이가 40대까지 갈 때 20대 초반은 정상적으로 가다가 30을 바라보며 갈 때 점차 늦어진다. 예를 들자면 25, 25, 26… 26, 27… 27, …28, …29, …40인 것이다.

대부분의 여성분들은 나이가 20대를 거쳐 30대가 되었다 할지라도 30대의 의류를 입지 않는다. 나이 들어가는 것을 입는 옷으로 표현하기를 원치 않기도 하지만, 요즘은 30대라 하더라도 워낙 외모를 잘 가꾸어 20대로 보이시는 분들이 많기도 하기 때문이다. 외모관리라고 꼭 성형수술 등을 말하는 것이 아니다. 많은 젊은 분들이 건강에 대한 자기 관리를 잘하여 원래 나이보다 젊게 보이는 것이다. 그나마 이런 정도의 변화는 과거이다. 최근에는 40대에 출산 후에도 젊음을 유지하는 연예인들의 영향으로 많은 여성소비자들의 마인드의 나이가 훨씬 더 젊어졌다.

그리고 이런 추세는 최근 들어 남성에게도 그대로 옮겨가는 중이다. 남성 전용화장품이 생겼고 이런 저런 이유를 핑계로 성형외과를 찾는 남성들이 급증했으며 40~50대라 하더라도 20대의 패션을 추구하며 삶의 모든 영역에서 젊음의 향기를 풍기고자 노력하는 남성 소비자들이 많이 생겼다.

안티에이징의 개념을 삼성 경제연구소에서 그림으로 표현한 것을 참고해 보면 조금더 이해하기가 좋다.

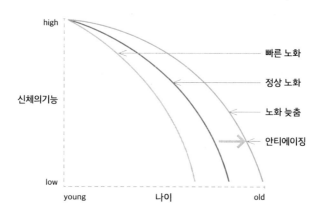

일본이나 미국 등 우리나라보다 소득이 높은 OECD국가들의 경우를 보면 과거 그들 나라의 국민소득 10,000~15,000달러(지금과 비교하면 우리나라의 20,000달러 이상)에서 안티에이징에 대한 관심이 시작되었다. 즉 안티에이징은 아무래도 어느 정도 소비자들의 소득이 뒷받침되면서 일어나는 사회의 변화이다.

산업의 발달에 따른 소득의 증대, 평균 수명의 증가, 그에 따른 건강에 대한 욕구, 외모를 중시하는 사회 분위기 등이 안티에이징으로 관심을 갖게 하는 것이다. 그리고 안티에이징은 웰빙과 힐링을 따로 떼어 생각할 수 없다.

2008년도 세계금융위기, 즉 미국의 '리먼브라더스' 사태 이후 우리나라에서도 정신건강에 대한 국민들의 시선이 변화하기 시작했다. 1997년의 외환위기 사태를 힘들게 이겨낸 대한민국의 국민들 사이에 불었던 '웰빙'의 트렌드에서 '힐링'으로 트렌드가 바뀌기 시작했던 것이다. 그 원인으로는 무엇보다 금융위기가 가져오는 경제적인 어려움을 들 수 있다. 외환위기의 시기는 국민 모두가 함께 어려웠음에 비하여 금융위기 때는 나만 힘들다는 상대적인 어려움의 스트레스가 정신 건강을 극도로 피폐하게 만들게 되었던 것이다. 거기에 청년실업과 저성장, 가정의 파괴와 1인가구로의 급속한 재편과 노령화, OECD의 평균을 훨씬 밑도는 건강 상태와 자살률 등 사회의 부정적인 인식 등이 2000년대 중반 우리나라를 휩쓸었던 '웰빙'으로부터 힐링으로 국민들의 라이프스타일을 움직이게 했다.

힐링은 육체를 중요시 여기는 웰빙보다 마음과 정신의 치유를 뜻하는 것(물론 육체의 건강도 중요하게 생각)으로 2010년 이후 우리나라 사회의 새로운 문화 트렌드로 사회 곳곳으로 그 영역을 넓히고 있는데, 2020년에는 15~20조원의 시장이 형성될 것으로 전문가들은 판단하고 있다.

경제적인 풍요 속에 의학의 발전과 함께 수명의 급속한 증가는 병 없이 평생 건강하게 살다가 마지막에 짧게 앓고 죽기를 바라는 인간의 소망을 더욱 간절하게 만들었다. 안티에이징은 그런 소망을 이루고 살고자 하는 우리들의 열망의 표출이므로 그와 관련된 시장은 그 규모 면에서 결코 줄어들지 않을 것이다.

그러므로 창업의 업종으로 힐링이나 안티에이징과 관련된 업종이나 아이템을 찾으시거나 아니면 창업 하시는 업종과 아이템 중에 안티에이징과 관련된 제품들을 준비하시면 경쟁업체들에 비하여 높은 경쟁력을 가질 수 있다고 판단된다.

8.
소비자들의 선택의
다양성 충족을 위한 변화

2014년 초의 일이었다. 그전까지 전혀 들어보지 못했던 이상한 그러나 묘한 흥겨움과 중독성을 가진 음악이 우리나라 전체를 휩쓸었던 일이 있었다. 여러분이 너무나도 잘 아시는 "라송"이다. 화면으로 첫 대면은 필자에게 가히 충격적이었다.

월드스타 '비'는 양복 정장차림에 그와는 어울리지 않는 춤을 추고 트로트를 대표하는 유명가수 '태진아'는 남자들에게 전혀 어울릴 것 같지 않는 모피코트를 입고 나와 흔들며 춤을 추었다. 더구나 두 사람 다 얼굴에는 립스틱 자국을 붙이고 나왔는데 처음에는 호감보다는 "이거 뭐야?"라는 거부감이 강하게 들었다.

그러나 얼마 지나지 않아 레게풍의 경쾌한 선율이 '비'만의 특유의 보컬과 함께 트로트의 장르에 잘 특화된 '태진아'의 목소리가 절묘하게 어우러지면서 자연스럽게 그 리듬 속으로 빠져들게 했다. 그리고 언제부터인지 나도 모르게 그 노래를 따라 흥얼거리며 어깨를 들썩이고 있었다. "나~~나나나나~~난나나~…." 아마 필자뿐 아니라 많은 분들이 연령대를 떠나 그렇게 라송을 흥얼거렸을 것 같다.

라송은 라틴 힙팝 댄스곡에 우리나라의 트로트를 적절히 가미한 노래로 기존에 없었던 전혀 새로운 장르의 곡이다. 가수 김건모의 핑계가 우리나라 국민들의 많은 사랑을 받았던 적이 있었으니 레게 풍의 노래라 해서 라송이 그렇게 히트를 쳤다고 볼 수는 없다. 그리고 그 노래와 함께 '콜라보레이션(collaboration, 콜라보)'이라는 다소 생소(물론 처음이 아니신 분들도 많다)한 단어가 방송이나 신문, 인터넷 매체를 통해 많은 사람들에게 알려지게 되며 궁금해 하는 분들이 많았다.

콜라보레이션이란 뜻은 한 개 이상의 단체나 조직, 개체가 서로 협력하여 공동연구나 공동제작을 한다는 것을 뜻하는데, 우리가 일반적으로 많이 볼 수 있는 것은 서로 다른 브랜드(장르)를 가진 두 개 이상의 업체들이 서로 협업, 협력, 합작을 통해서 서로에게 득이 될 수 있는 결과물들을 만들어 내는 것이다. 여기에는 새로운 가치를 창출할 목적으로 서로의 회사나 제품을 알려주는 것도 여기에 포함된다고 할 수 있다.

콜라보레이션의 이미지로는 전 세계적으로 워낙 많이 퍼져 있어 이제는 식상하다는 느낌까지도 들지만 콜라보레이션을 설명하기에는 코카콜라를 뺄 수가 없어 먼저 언급한다. 코카콜라의 아트콜라보레이션 시리즈는 코카콜라와 세계적인 유명 디자이너 '장 폴 고티에'가 서로 협업하여 디자인을 그려 넣은 것으로 '라거펠트', '마크 제이콥스' 등과 함께한 시리즈는 코카콜라의 고정고객들 외에 세계적으로 많은 마니아들을 양산하는 계기가 되어 코카콜라의 기업이미지를 한 단계 업그레이드시키게 되었다. 콜라보레이션을 통하여 과거의 자본주의 산물의 이미지라는 느낌에서 새로운 이미지를 형성하게 된 것이다. 그리고 이 시리즈는 많은 수집가들이 애장품으로 모으는 수집품으로도 인기가 높다.

최근에는 의류와 다른 장르의 콜라보레이션이 많은데, 이는 의류업계의 장기 불황과 맞물려 새로운 돌파구를 찾는 마케팅의 일환으로 끊임없이 시도되고 있다. SPA 브랜드 유니클로와 영화 스타워즈의 콜라보레이션의 예를 살펴보도록 하자. 아시다시피 SPA 의류업체는 제조업체가 직접 소비자에게 판매를 하는 신 소매업태 중 하나로 소비자들의 다양한 니즈를 상품에 직접 기획하여 빠른 시간 내에 매장에 전개하기에 유리한데, 유니클로는 스타워즈의 대표캐릭터 '다스베이더' 등이 디자인된 제품을 선보이며 매출 증대 및 차별화된 마케팅을 준비했다. 또한 기존 매장과는 다른 별도의 공간을 준비하여 스타워즈 콜라보레이션 상품 매장을 전개하는 등 적극적인 마케팅활동을 시행했었다. 아울러 온라인 판매에도 콜라보레이션 상품을 앞세워 적극적으로 홍보를 기획했었다.

다음은 자동차와 관련된 콜라보레이션의 예를 알아보자.

우리나라의 자동차 업계는 더 이상 과거와 같이 맹목적인 국산차 사랑의 우산 속에 있을 수 없게 되었다. 현대 자동차의 경우 최근 처음으로 국내 점유율 40%가 무너졌다. 2000대 중반 약 50%(현대, 기아 합 77%)의 점유율에서 2015년 말 39%(현대 기아 합 68%)로 급격한 내수 시장의 침체를 겪고 있다. 그러나 이런 점유율은 그 추세를 볼 때 쉽게 과거의 점유율을 회복하기가 쉽지 않아 보인다.

현대자동차가 외국에서 치열한 경쟁을 통하여 글로벌 자동차 업계로 우뚝 서 있을 수 있었던 배경에는 우리나라 국민들이 상대적으로 떨어지는 차량의 성능에도 불구하고 끊임없이 현대자동차를 구입하고 사랑을 해주었다는 것을 빼고는 말할 수 없었다. 그러나 더 이상 그런 상황을 기대할 수는 없는 시대가 왔다. 자동차를 구입하는 주요 소비자들이 중년의 남성에서부터 사회적으로 성공한 여성(필자는 아마조네스의 등장으로 표현했음)으로 옮겨가고 있는 트렌드는 이제 어쩔 수 없는 시대 상황이다. 그리고 그런 여성 소비자들의 상당수가 커피숍의 고객이라는 것은 비밀도 아니다. 당연히 그런 소비력이 있는 잠재 소비자인 여성을 자동차 매장으로 인도하기 위하여 커피숍과의 콜라보레이션이 등장했다.

앞의 그림들처럼 서로 전혀 다른 성격의 업체들이 하나의 상품이나 장소에 서로의 장점을 하나로 묶어내고 있음을 우리들은 보고 있다.

이런 일련의 마케팅 행위들은 고객들의 욕구를 만족시켜 그 상품의 판매 증진이나 기업의 이미지를 높여 또 다른 제품의 기획이나 생산에 큰 영향을 미치게 한다.

또한 콜라보레이션은 퓨전과 떼려야 뗄 수 없는 관계가 있는데, 퓨전은 콜라보레이션과 달리 두 가지 이상의 서로 다른 이질적인 요소들의 뒤섞음을 통하여 전혀 새로운 것을 창조하는데 현재 패션, 음악, 광고, 예능 등 사회의 모든 분야에서 이루어지고 있다. 둘의 공통점은 둘 다 소비자들의 다양화된 욕구를 충족하기 위한 새로운 시도들에서부터 시작된 것들인데 그것이 가능케 된 것은 무엇보다도 IT 기술의 발달이 원인이다. 즉 IT기술의 급속한 발달이 소비자들에게 더 다양한 욕구를 가능케 한 것이다. 그리고 그 결합을 통하여 기존 제품들과의 차별화를 이루어 신규고객을 창출하고 그 고객들과 관련된 새로운 시장의 확대와 매출증대를 이루려는 목표는 같다고 할 수 있다.

그러면 그 둘의 차이점은 무엇일까? 콜라보레이션은 서로 섞여 있는 두 가지 이상의 요소들이 각자의 성질을 유지하는 것으로 물리적인 결합이라 할 수 있고, 퓨전은 서로 섞이는 그 요소들이 고유의 성질을 잃어버리는 화학적 결합이라 표현하는 것이 좋을 듯하다. 그런데 이와 같이 전혀 다른 요소나 장르의 섞임과 같이 기존의 틀을 과감히 깨트리고자 하는 시도로 본다면 여러 요소들간의 결합이 더 쉬워 보이는 콜라보레이션이 먼저 우리의 삶 속에 시도되었을 것 같으나 여러 업종에서 퓨전이 먼저 시작되었다.

퓨전이 우리의 생활 속에서 언제부터 시작되었는가에 대해서는 여러 가지 의견이 있으나 일본으로부터 영향을 받아 시작되었다고 보는 것이 옳다고 생각한다. 제2차 세계대전 패망 이후 일본은 오랜 기간 고도의 경제 성장을 이루었는데, '잃어버린 20년'의 시작인 1990년대 초 이후 급속한 경기 하락으로 산업의 모든 부분에서 많은 고통을 받게 되었다. 그런 상황 중에 일본은 그 경기침체의 어려움을 이겨내고자 여러 가지 시도를 하였는데 그 시도들 중 하나가 서로 다른 장르에서의 결합이었다. 그리고 그 시도들의 영향으로 새로운 트렌드들이 소비자들에게 선보이게 되고 그 영향을 우리나라가 받게 되었다. 우리나라에 있어 일본은 같은 동양권이라는 것뿐 아니라 지리적으로 가깝고 기초 산업이 잘 발달되어 있어 산업의 여러 부문에서 많은 영향을 받아왔다. 특히 우리보다 월등히 앞서가는 산업 군에서는 더욱 그렇다. 그런 것은 우리의 입장에서 보면 그들의 장점뿐 아니라 시행착오까지도 학습할 수 있는 좋은 점이기도 하다.

그리고 이런 새로운 변화의 시너지 효과를 낼 수 있는 시도들은 당연히 생활의 가까운 곳에서부터 시도되었는데, 주로 생활용품, 잡화, 의류, 음식, 문화, 예술, 유통 등이었다. 그것들이 우리나라에 영향을 주면서 음식, 예술, 의류 등에서 우리나라도 퓨전의 시도들이 진행되기 이르렀다.

몇 년 전부터 창업의 업종이 무엇이든지 앞에서 함께 알아본 퓨전이나 콜라보레이션이 가미된 아이템으로의 창업이 대세처럼 되어져 가고 있다. 그러나 퓨전이나 콜라보는 정확한 대상고객을 타켓팅하지 못할 경우에는 크게 실패할 수 있다는 것을 알아야 한다. 만약 그렇지 못하다면 일반 전통 아이템으로 창업하느니만 못한 경우도 얼마든지 있다는 것을 명심하시기 바란다.

또한 콜라보레이션의 창업이나 창업 업종의 아이템 중에 콜라보레이션이나 퓨전이 가미될 경우 서로 다른 두 가지 이상의 요소들이 충분한 경쟁력을 가지고 있는 상태에서 콜라보레이션을 하는 것이지 전혀 경쟁력이 없이 그냥 섞어 놓는다고 경쟁력이 생기는 것은 아니라는 것을 알아야 한다. 그리고 콜라보레이션은 충분한 사전 조사를 통하여 확실한 대상 고객을 정해야 시행착오를 줄일 수 있다는 것 또한 인식해야 한다.

9.
소비자들의 의사결정 과정의 변화

창업을 준비함에 있어 사전에 여러 중요 항목들을 '리스트-업'하여 아이템을 결정 하겠지만 그 결정 사항의 대부분은 소비자들의 니즈에 맞추는 것이 창업의 시행착오를 줄이는 데 큰 도움을 준다. 그리고 소비자들의 니즈보다 창업하시고자 하는 사장님들의 노하우에 기반을 두는 창업아이템의 결정이라 할지라도 선택하시고자 하는 업종의 소비자들이 과거와 비교할 때 현재 상품 구매 시 어떤 의사결정 트렌드를 갖고 있느냐는 것을 아는 게 중요하다. 또한 그것에 더하여 소비자들이 구매 의사결정을 어떤 심리적인 변화 과정을 통하여 하는가를 사전에 알아 두면 아이템 결정에 도움이 되고 성공적인 창업에 큰 힘이 될 것이다. 이번 항에서는 소비자들의 상품 구입에 관한 의사결정이 과거에 비하여 어떻게 다른지 앞으로는 어떻게 변화할 것인지 알아보도록 하자.

최근 들어 소비자들은 본인의 결정을 타인의 결정에 따르는 경향이 심해졌다.

보통은 어떤 상품을 구입하고자 할 때 여러 가지 해당 상품과 관련된 자료들을 충분히 검토하고 구입을 하는 것이 옳다. 예를 들어 텔레비전(다른 어느 상품이라 하더라도 마찬가지이다)을 구입한다고 하면 그 구입의 결정이 옳을 수 있도록 제조브랜드, 가격, 디자인, 성능, A/S 등을 종합적으로 검토하여 시간이 지난 후에라도 후회하지 않을 수 있는 가장 가치가 높은 상품을 구입해야 맞다.

그러나 그러한 과정을 거쳐 상품을 구입하는 것은 현실적으로 거의 불가능하다. 왜냐하면 구매하고자 하는 상품의 아이템이 너무 많고 각 상품의 장점들을 다 알아보았다고 하더라도 본인이 가장 구입하고자 원하는 상품을 결정할 상품의 지식이 충분하지 못할 뿐 아니라 그렇게 할 시간적인 여유도 현대인들에게는 없기 때문이다. 그리고 더 근본적인 문제는 해당 기업의 여러 마케팅을 통한 판매 기법으로 인하여 소비자가 구입하고자 하는 노력을 소용없게 한다는 점이다. 즉 대대적인 광고 홍보, 가격을 낮추는 할인 행사, 사은품 지급, 별도의 매장 진열 등을 통하여 팔고자 하는 측의 의도대로 소비자들을 유도하기 때문이다.

그래서 최근까지 많은 현대인들은 상품을 구입할 시점의 그때까지 본인들이 구축해 놓은 브랜드 인지도, 명성 등에 가격을 비교하여 결정을 내렸었다.

그런데 소비자들은 그 많은 양의 상품과 엄청난 광고의 홍수 속에서 소비자 스스로 선택한 상품들이 그들이 기대하고 생각했던 기대치와 차이가 발생해 실망하는 경우를 경험하게 되었고 그런 일들이 시간이 가면 갈수록 점점 더 많아지게 되는 것을 경험하게 되었다.

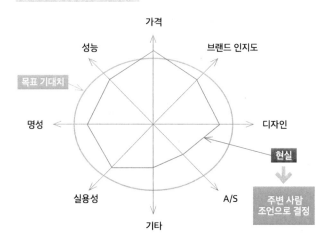

소비자들의 의사결정 과정 변화

그림에서 보듯이 소비자들이 사전에 충분한 검토를 통하여 상품을 구입했다고 하더라도 막상 사용해 보면 본인의 기대치와 다른 현실을 마주하게 되는 일이 많아진다는 것이다.

특히 광고 신뢰도의 추락은 자연스럽게 주변 사람들의 상품에 대한 조언을 더 신뢰하게 되었고, 또한 IT기술의 발달로 인하여 전혀 모르는 사람들이 작성한 해당 상품의 사용 후기 등의 경험치를 광고보다 더 신뢰하기에 이르렀다. 또한 이와 같은 추세는 시간이 갈수록 점점 더 심화되어 가고 있다.

그리고 이러한 결정은 각 아이템이 과거에 비하여 변화가 적은 전통적인 상품에서는 그 비중이 낮은 데 비하여 변화가 많은 아이템의 상품에서는 그 의존도의 비율이 높다. 아주 쉽게 예를 들어 음식에 비유하면 설렁탕이나 한식의 비빔밥과 같은 아이템에서는 본인의 과거 경험치를 중요하게 여기는 데 비하여 표본이 적은 외국음식(이란 음식, 터키 음식 등)이나 퓨전화가 심한 음식의 경우 타인의 경험치를 훨씬 중요하게 여긴다는 점이다.

이와 같이 소비자들의 아이템별 의사결정 과정의 변화는 창업 아이템에 따라 광고의 전략이나 마케팅의 전략에 충분히 숙지해야 할 내용들이다.

이런 소비자들의 의사결정 과정의 변화는 대기업뿐 아니라 창업을 하고자 하는 많은 업종과 아이템에서 유용하게 활용할 수가 있는데 특히 광고 전략에 있어 불특정 다수인을 대상으로 하는 광고와 고정고객을 대상으로 하는 광고의 비중을 조절을 해야 할 필요성을 느낀다. 즉 과거에는 불특정 다수인들을 대상으로 하는 광고의 비중이 절대적으로 높았었는데 고정고객을 대상으로 하는 광고의 비중을 높여 그들의 "~ 하더라."라는 소비의 경험을 신규고객의 창출과 매출로 연결시키는 광고 전략이 필요하게 되었다는 것을 뜻한다. 이런 소비자의 변화는 창업의 준비에 있어 시사하는 바가 크다.

10.
트렌드 및 유행의 변화와
복고의 향수

얼마 전 모 케이블 방송에서 '응답하라 1988'이란 프로그램으로 사회적인 큰 반향을 일으킨 일이 있었다. 공중파도 아닌 케이블 방송에서 만든 드라마가 20%가 넘는 시청률이 나왔고, 드라마라고 하면 '막장 드라마'가 판을 치는 시대에 그런 진부한 주제를 가지고 그와 같은 높은 시청률과 감동을 줄 수 있음에 대해 많은 국민들이 박수갈채를 보냈다.

우리들에게 복고의 향수를 자극하는 프로그램으로는 '응답하라 1988'뿐 아니라 MBC '무한도전'의 '토요일 토요일은 가수다'와 '복면가왕' 등 여러 방송들이 있었다. 이런 프로그램은 과거 한 시대를 풍미했지만, 지금은 다소 우리들의 기억 속에서 사라져 가는 가수들과 그들의 노래를 통하여 그 시대의 추억을 아련히 떠오르게 한다.

그럼 이런 종류의 방송이 왜 우리들을 텔레비전 앞으로 끌어 모으는 것일까? 그것은 현재 우리가 살아가는 삶 속에서 사라져 가

고 있거나 실종되어버린 '가족 간의 사랑', '이웃 간의 사랑' 등 인간
적인 따스함을 생각나게 해주기 때문이다.

과거 그 시절은 반에서 1등하는 학생이나 꼴지하는 학생이나 스
스럼없이 친구로 지내었고, 수업이 끝나면 서로 편을 나누어 바람
빠진 공으로 축구를 하며 즐거워하거나 학교 앞 빵집에 모여 심야
프로그램 '별이 빛나는 밤에'에서 나온 포크송이나 팝송에 대해 서
로 이야기를 나누던 시절이었던 것이다. 없이 살던 시절인 만큼 친
구나 이웃들끼리 부족한 부분은 서로 채워주고 아픔을 공감했던
시간들이었다.

그러나 요즘은 어떤가? 수업이 끝나기가 무섭게 바로 학원으로
직행해 밤늦게까지 다시 공부에 매달려 오직 대학을 가는 것만이
목표가 되어 버렸다. 아름다운 추억으로 점철되어야 할 학창시절
이 오직 대학입시만을 위한 시간으로 변질되어버렸다. 그리고 그렇
게 어렵게 공부를 하여 대학에 들어간 후에도 다시 취업의 좁은
문을 뚫기 위해 대학생활을 취업을 위한 기관으로 여기게 되는 세
대가 되어 있다 보니 과거의 그 시간들이 더욱 그리워지는 것은 당
연하다 하겠다.

복고의 향수는 비단 매스컴의 한 테마로만 이용되는 것이 아니
라 창업의 한 장르로도 사용되고 있다. 복고는 유행의 한 형태이
다. 유행이란 일정한 기간을 두고 다시 반복되는 것을 말한다. 그
런 면에서는 트렌드와 다른 차이를 보이는데 트렌드와 유행을 이
해하기 쉽게 도표로 그려 보면 다음과 같다.

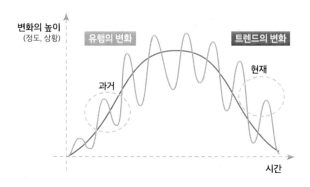

그림에서 보듯이 트렌드란 한 번 변화를 하고 나면 다시 돌아오지 않는 데 반하여 유행은 일정한 시간을 두고 비슷한 형태로 다시 돌아오는 것을 말한다. 지나간 과거의 삶이나 사회 현상을 그리워하는 복고의 유행은 과거 일정 시간의 사회 현상 등이 오늘날 없거나 있어도 그 정도가 약하여 그것을 그리워하기 때문에 그와 같은 현상이 일어난다. 위의 그림에서 보듯이 과거의 어떤 모양이 현재에는 공란으로 나타나고 있다. '응답하라 1988'의 프로그램은 현재 우리 삶에서 희박해져가는 가족과 이웃사촌의 정겨움이 그 프로그램의 주된 내용들이어서 현재의 우리사회의 일반 대중들이 그 내용에 공감했던 것이다.

우리 주변에 보면 복고와 관련된 업소들이 점차 늘어나는 것을 볼 수 있다. 그것은 유행이기도 하지만 새로운 트렌드로 변화하고 있다고도 할 수 있다. 창업의 아이템을 고민할 때 한 번쯤은 검토해야 할 장르임은 틀림없다.

우리 사회의 변화와 유통의 큰 흐름을 읽기 위한 팁

1. 최근의 소비자의 변화를 인지하고 대응 마케팅을 준비해야 한다.

2. 심리적으로 중산층이 붕괴되고 있다.

3. 우리나라 인구 구조의 변화와 소비자들의 변화.

4. 소매업 유통의 발전과 변화는 소비자들을 변화시킨다.

5. 소비자의 욕구에 따른 소비트렌드가 변화되고 있다.

6. 소비의 양극화에 따라 소비자이 대거 이동하고 있다.

7. 새로운 소비트렌드 힐링과 안티에이징이 급부상하고 있다.

8. 소비자들의 선택의 다양성 충족을 위한 변화가 필요하다.

9. 소비자들의 의사결정 과정의 변화에 따른 마케팅 전략 필요.

10. 트렌드 및 유행의 변화는 복고의 향수를 부른다.

제7장

게임에서는 역공법이
정공법을 이길 수 있다
(역발상으로 큰돈 벌기)

게임 중 고스톱에서 가장 많이 발생하는 상황이며 우리는 이것에 너무 익숙해져 있다. 예를 들면 상대방이 똥 3장을 흔들었을 경우(물론 다른 패로 흔들었을 경우도 마찬가지이다) 우리는 상대방의 패를 말리게 한다고 흔든 패부터 먹는 경우가 보통이다. 그러나 먹지 말고 그냥 돌려 흔든 사람이 먼저 그 패를 먹게 만들면 흔든 사람은 나머지 한 패가 기리패 속에 있다는 미련을 버리지 못하여 나머지 한 장을 끝까지 갖고 있어 작전상 혼란을 줄 수 있게 만들 수 있다. 특히 피로 낮게 기는 작전에는 한계가 있으나 고도리나 광, 단 등으로 기본 점수를 내서 끝내고자 하는 판에는 유용하게 쓰이는 작전이다. 그리고 이런 작전은 고스톱의 '선수'가 아니더라도 웬만한 정도의 실력만 있는 일반 분들이라도 많이 사용하는 보편화된 작전이다.

마찬가지로 창업에서도 이와 같이 역공법 발상으로 정공법을 얼마든지 이겨내 성공적인 창업을 할 수 있다. 이 부분에 대하여는 기술해야 할 내용이 많으나 우리들의 고정관념에 사로잡혀 있는 여러 가지 생각들을 깨트리는 사례를 중심으로 기록하고자 한다. 충분히 심사숙고 할 수 있는 내용들이므로 창업에 앞서 서술되어 있는 내용들을 연구해 보면서 그것들을 응용하여 나만의 새로운 방법을 찾아보면 좋을 창업의 길이 열리리라 생각된다.

1.
도매 업태로 창업

우리는 창업이라 하면 음식업 업종의 소매업 창업만을 창업으로 생각하는 고정관념을 가지고 있다. 사실 그와 같은 창업이 가장 보편적이고 특별한 노하우나 진입장벽 없이 창업으로 접근할 수 있으니 당연하다 하겠다. 그러나 진입장벽 없이 접근할 수 있는 만큼 당연히 오픈하기 쉽고 경쟁이 심할 수밖에 없다.

그러므로 상대적으로 경쟁력을 가지고 있는 창업의 한 가지 방법으로 도매업 창업을 생각해 볼 수 있다. 일반적으로 도매업 창업은 그쪽 계통의 특별한 노하우를 가지고 있어야 창업이 가능하다고 생각한다. 그렇다. 도매나 생산과 관련된 업종에서 많은 경력이 있으신 분들이라면 다른 분들보다 훨씬 유리할 수는 있다.

하지만 최근에는 업종별 생산 및 유통의 모든 과정이 과거에 비하여 많이 오픈 되어 있어 뜻만 있다고 하면 얼마든지 창업이 가능하다. 즉 제조에서부터 수입의 전 과정이 접근하기에 아주 용이하며 도매유통을 위한 소매업소를 얼마든지 구할 수 있으며 인터넷 쇼핑몰을 통한 직접 판매도 가능하니만큼 처음에 창업을 위한 검토에서 도매유통의 창업을 제외할 필요는 없다고 말씀드린다.

그리고 보통 도매유통의 창업은 큰 규모의 자금이 소요된다고 알고 있으나 업종에 따라 많은 금액의 자금이 들어가지 않고도 얼마든지 가능하다. 상권이 좋고 웬만한 평수의 소매창업 자금이라면 충분히 가능하다. 도매창업은 오히려 자금보다는 판매와 관련된 마케팅의 배경을 잘 이해하는 것이 훨씬 중요하다. 예를 들자면 의류의 경우 계절의 유통 특성이 있어 일 년의 사계절을 각각의 시즌에 따라 다시 2~3계절로 나누어 판매와 관련된 마케팅을 진행할 수 있는 능력이나 큰 이벤트(어버이날, 어린이날, 졸업, 입학 크리스마스 등)에 따라 상품이 얼마나 생명력이 유지가 되어 판매가 지속할 수 있는지에 대한 감각 같은 것들이 더 중요하다. 아울러 '메르스'사태에 대량의 마스크가 유통되었듯이 급변하는 사회의 이슈에 얼마나 신속한 대응을 할 수 있는지 등이 중요하다고 할 수 있다.

그러나 이런 사항들도 처음에는 어렵다고 느껴져도 열정만 있으면 내 것으로 만드는 데 많은 시간이 필요치 않다고 말씀드릴 수 있다. 창업 후 나만의 고객을 만들어 자리를 잡는 어려움은 어느 업태 업종이든지 마찬가지이므로 너무 걱정할 필요는 없다고 생각된다. 급한 마음을 갖지 않고 꾸준히 해 나간다면 얼마든지 가능하다. 필자의 후배 한 명도 도매업으로 창업하여 몇 년 고생하더니 지금은 외형을 꽤 많이 키우며 사업을 잘하고 있다.

도매유통의 업종은 소비자에 해당하는 소매업소를 구하기 어려운 특별한 업종의 아이템이 오히려 오픈 후 경쟁력이라는 차원에서는 좋겠으나 의류, 신발, 잡화, 완구, 화장품 등 보편적인 업종이 상대적으로 더 기회가 많다고 할 수 있다. 과거에는 이와 같은 업종에서의 영업은 생산 공장과 직거래를 통하여 필요한 상품 등을 구입하는 유통 방법을 써 왔으나 최근에는 생산 공장에서 했던 제품의 기획, 즉 디자인을 도매상이 직접 공장에 하청을 주는 방법으로 대부분 바뀌었다.

즉 과거에는 생산 공장이 디자이너를 고용해서 기획 및 패턴을 전부 담당하여 생산하였으나 산업이 발달하면서 업종별로 공장에서 그 모든 부분을 담당하기 어려워 패턴만을 주로 담당하는 하청 형태로 바뀌었다. 그러므로 창업하고자 하는 해당 업종과 아이템을 결정한 후 시장 상황과 유통 과정을 충분히 공부하면 생산 및 판매와 관련된 흐름을 잡을 수 있다.

그 후 트렌드와 유행의 흐름을 잘 인지하고 있는 디자이너를 활용하여 생산할 수 있다면 공장은 얼마든지 구할 수 있다. 그런 하청 공장은 업종에 따라 다르지만 평균적으로 80%는 넘는 구성비를 보이니만큼 생산에 따르는 걱정은 안 해도 되리라 본다. 이런 방법은 주방장을 구하여 음식장사를 할 때 유능한 주방장의 음식 맛으로 점포가 활성화되는 것과 비교할 수 있다 하겠다.

그리고 소매상은 인터넷을 통하거나 관련업종의 유능한 종사자 1~2명과 창업하시는 사장님의 뜻과 방향만 명확하면 얼마든지 구할 수 있다. 아울러 소매는 과거에는 공동사무실을 통한 판매가 많았으나 점차 줄어드는 추세이고 개별적으로 운영을 하는 것으로 바뀌고 있다. 인터넷을 통한 소매 역시 사장님과 능력 있는 직원 2~3명과 함께 진행하시면 충분히 가능하다.

여기서 참고할 내용은 예전에는 주로 온라인 오픈 마켓과 인터넷쇼핑몰을 함께 운영했는데 기획과 생산이 분리되어 전문화의 길을 걷듯이 인터넷쇼핑몰도 오픈 마켓과 분리되는 추세이다. 그러므로 이 점은 참고를 하는 것이 좋겠다.

그리고 순수한 전통 형태의 제조공장에서 매입만 하든지 수입을 통하여 유통하는 도매상으로의 창업도 얼마든지 고려할 수 있다. 그럴 경우는 화곡동의 잡화, 화장품, 완구, 가전, 생활용품의 유통단지나 천호동이나 동대문의 문구, 완구 전문단지 등을 시장조사하고 1~2년의 준비 시간만 갖는다면 가능하다고 말씀드린다.

2.
중간 유통업태로 창업

　자본주의 경제 속에서는 모든 업종이 무한 경쟁이다. 그러므로 접근이 용이한 업종이나 아이템은 치열한 경쟁이 불가피하며 실패의 가능성이 높을 수밖에 없다. 접근이 쉽지 않으려면 예상되는 경쟁 상대자들이 피하고 싶어 하는 길을 선택하면 그만큼 실패의 가능성이 낮다. 이번 항에서는 접근이 비교적 생소하다고 할 수 있는 중간 유통 중 수산물의 예를 들어 설명함으로써 중간 유통에 대하여 함께 알아보자.

　수산물 중간 유통 업자를 말할 때 '나까마'라는 단어를 사용하는데, 그 뜻은 '함께 일하는 사람', '같이 일하는 사람'라는 뜻으로 소매업자이나 도매업들이 산지로 직접 이동하여 상품을 구입할 여건이 되지 못할 때 그 업무를 대신하여 주는 사람들을 말한다. 물론 '나까마'라는 단어는 다른 모든 업종에서도 같은 의미로 사용되는데, 수산물 계통에서는 살아있는 생선, 즉 활어를 이동시킬 수 있는 차량이 있어야 되므로 다른 업종에 계시는 분들과는 성격이 조금 다르다 할 수 있다.

수산물의 중간 유통업을 하는 업무로 도매전문 중간 유통, 도소매 중간 유통, 소매 전문 중간 유통 등 세 가지로 나눌 수가 있는데 그 업무는 다음과 같다.

첫째, 도매 전문 중간 유통이다. 산지에서 활어를 구입해서 도매상에게 물건을 판매하는 형태인데 대부분 필요한 만큼의 양을 사전에 주문받아 전달해 주는 형태를 취한다. 경우에 따라서는 주문이 없더라도 구입하여 도매상을 돌면서 팔 때가 있는데 주문을 받았을 때에 비하면 더 큰 이득을 취할 수 있다. 이렇게 직매입을 통한 도매상으로의 판매는 새우, 전어, 방어 등 계절 품목이 많다.

둘째, 도소매를 겸하는 중간 유통이다. 첫째의 방법과 마찬가지로 산지에서 물건을 구입하여 도매상에게 판매를 하는 외에 직접 소매상에게 판매하는 형태를 말한다. 이렇게 소매상에게 직접 판매할 경우는 이익은 많아질 수 있으나 폐사에 따른 손실이 높아질 수 있다. 그리고 이와 같은 형태에서 소매상에게 판매의 비중을 높일 때는 산지에서 물건을 구입하는 대신 도매상에게 물건을 구입하여 소매상에게 판매할 때도 있다. 이렇게 산지에서의 구입과 도매상에서의 구입의 선택은 필요로 하는 소매상의 요구에 따라 달라지기도 하고 계절별로 잡히는 활어의 물량에 따라 그때그때 바뀐다고 할 수 있다.

셋째, 소비자에게 직접 판매하는 형태의 유통이다. 이런 유통을 그쪽 계통에서는 '포차'라는 말로 사용하는데 주변에서 쉽게 볼 수 있는 포장마차의 '포차'와는 다르다. 이렇게 직접 소비자들에게 판매하는 형태는 사전에 충분한 시장조사를 통하여 소비자들이 선호하는 장소를 미리 준비하여야 한다. 그런 장소로는 아파트나 상가의 입구, 유동 고객이 많은 이면도로가 많으나 의외의 장소도 가능하다. 지난가을 사람이 많이 모이는 놀이공원 앞에서 새우를 판매하는 활어차를 본 적이 있는데 꽤 많은 사람이 줄을 서서 구입하고 있었다. 그리고 얼마 지나지 않아 아직 사람들의 서 있는 줄이 많이 있었는데도 가지고 온 새우를 다 파는 것을 보았다. 물론 가격이 싸기는 하였지만, 그런 의외의 장소에서 소비가 이루어진다는 것이 재미가 있었다.

준비를 위해 꼭 알아야 할 내용들이 있는데, 유통하는 수산물은 살아있는 생명체이므로 활어 상태로 장시간 이동을 해도 죽지 않도록 염도, 수온, 산소공급, 물갈이 등을 꼭 알아야 한다. 또한 거래선을 알아야 영업이 가능하므로 수산물을 구입할 수 있는 매입처인 산지와 도매업자, 판매가 가능한 도소매업자 등을 알아야 하는 것이 중요하다. 그러므로 다른 업종도 마찬가지지만 수산물 계통에서 일을 꼭 배워야 한다. 그 기간은 사람이나 아이템에 따라 다르지만 하겠다는 의지만 있으면 많은 시간이 필요하지는 않다. 아울러 경쟁의 상대성이 비교적 낮다는 것을 생각하면 시간이 조금 투자가 된다고 하여도 충분히 검토해 볼 만한 역공의 창업법이라 할 수 있다.

3.
이동 소매 업태로 창업(푸드 트럭)

음식마다 먹는 주기가 있다. 아무리 우리의 주식으로 매일 먹는 밥이라 할지라도 가끔은 다른 음식을 먹고 싶을 때가 있다. 마찬가지로 간식이나 기호식품의 경우 먹고 싶은 생각이 있다고 하여도 그것을 매일 먹는 것은 아니다(커피와 같이 기호식품이라 하더라도 매일 먹는 것들이 있기는 하다).

그렇게 매일 먹는 음식이 아닌 간식 등 기타 음식류의 경우 한 자리에서 충분히 매출을 올려 유지가 되려면 그 판매 장소를 중심으로 많은 잠재고객이 있어야 하고 그렇지 않다면 점포 앞을 지나가는 유동고객들이 많이 있어야 한다. 그러나 그런 간식이나 기호식품으로 생각하는 만큼의 매출을 올릴 수 있는 장소라면 그 장소의 매장 권리금, 임대료 등 많은 금액의 창업 자금이 필요하고 또한 적정한 크기의 그만한 장소를 구하기도 어려울 것이다(어차피 넓은 장소가 필요치 않다면 적절히 작은 규모의 매장도 그 수에서 한계가 있을 것이다).

그래서 일정한 간격을 두고 필요한 고객을 찾아가 그들이 원하는 시간에 원하는 상품을 제공할 수 있다면 충분히 검토해볼 가치가 있다고 할 수 있다. 그런 예를 한번 찾아보자.

몇 해 전 고속버스 터미널 뒤편쪽으로 일이 있어 오후의 같은 시간에 연이어 며칠을 갈 일이 있었다. 그 장소는 배후에 '오피스 타운'이 있어 잠재고객들이 충분한 장소도 아니고 특별히 유동 고객이 많은 장소도 아닌 한가한 곳이었다. 그런데 오후 3시가 되니 떡볶이와 튀김을 파는 허름한 트럭(요즘과 같이 모양새를 갖춘 푸드 트럭과는 한참 거리가 있는 조그만 트럭이었음)이 도착했다. 그리고는 준비를 해온 음식을 부지런히 정리하며 판매 준비를 하고 있었다. 그리고 잠시 후 어디서 나오는지 음식을 사러 손님들이 모이기 시작했다. 가운을 입은 간호사부터 일반 오피스 타운의 여직원, 담장 옆 아파트의 아주머니, 심지어는 양복을 입은 남자 손님들까지 마치 호출 전화를 받고 나오는 것과 같이 연이어 간식을 사러 나오는 게 아닌가. 그리고 잠시 북적이는가 하더니 5시쯤 되니 손님들도 딱 끊어지고 트럭 사장님도 서둘러 음식들을 정리하고는 어디론가 서둘러 가버렸다.

첫날은 본인의 업무 스케줄도 바빠 그러려니 하고 아무 생각 없이 쳐다보고 갔었는데 다음날도 그 다음날도 연이어 며칠 그런 상황을 보니 맛도 궁금하고 장사하시는 사장님도 궁금해 떡볶이를 조금 사 먹으며 이야기를 나누어 보았다.

먼저 떡볶이는 맛도 좋았지만 크기가 다른 떡볶이집과 다르게 떡의 두께가 굵었고(보통 가정집에서 명절날 먹는 가래떡의 굵기였음) 길이 또한 길게 해 판매를 했는데 작은 크기로 원하면 그때마다 적당한 크기로 잘라 주었다. 그러나 떡볶이에 비하여 순대와 어묵은 특별히 더 맛있다는 생각이 들지는 않았다. 대부분의 다른 업소들과 마찬가지로 떡볶이의 구색 상품의 수준을 넘지는 않았다.

주문한 음식을 먹으며 며칠을 옆에서 장사하는 것을 지켜봤다는 말을 해주고 5시쯤 되어 어디를 그렇게 서둘러 가느냐고 물어보았다. 처음에는 바로 대답을 하지 않았으나 물끄러미 필자를 쳐다보다가 경쟁업체(?)가 아니라 생각되었는지 그 시간 이후 장소를 옮겨 다른 곳에서 장사를 한다고 말해 주었다. 그리고 옮겨간 그 장소에서 2시간가량 영업 후 또 다시 한 번 더 장소를 옮겨 몇 시간 장사를 하고 들어간다고 했다. 그리고 아주 특별한 일이 있을 때를 제외하고는 그 장소에 그 시간에 꼭 간다고 말해주었다.

나는 지금 이곳에서 장사를 한 지 얼마나 되었는지 궁금했다. 그리고 어떻게 광고를 했기에 손님들이 오시는지도 궁금했다. 그것은 오랜 시간 동안 영업을 해오지 않았다면 또한 별도의 광고가 아니면 그렇게 시간을 맞추어 손님들이 오지 않을 것이라는 생각이었다. 그런데 질문의 답은 의외로 간단했다. 지금 차를 대 놓은 곳은 주변 건물에서 내려다보이는 곳이라 했다.

처음 이곳에 왔을 때는 알고서 온 것이 아니라고 했다. 장사도 처음이고 겁도 나서 그냥 사람 없는 곳을 찾아온다고 이곳으로 왔다는 것이다. 그리고 조금만이라도 팔리면 다행이라 생각하면서 앉아 있는데 한 명 두 명 오셔서 음식을 사시더라는 것이다. 신이 나서 다음날도 또 다음날도 오게 되었고 처음에는 몇 분 안 오셨는데 시간이 지나면서 시행착오를 범하며 떡볶이도 점차 맛있게 만들게 되고 찾아주시는 고객 분들도 늘어나게 되었다고 말해 주었다.

그러던 어느 날 떡볶이를 사러 오시는 손님들 중에 "아파트에서 내려다보고 왔다."고 말하시는 것을 듣고 차를 이리저리 돌려 주변의 건물에서 최대한 잘 보이는 곳에 차를 세워 놓게 되었고, 그랬더니 오시는 분들도 더 늘어 장사가 잘 되었다는 것이다. 그리고 매일 같은 시간에 오니까 손님들이 기다렸다가 사시고 그 숫자도 점점 더 늘어 지금에 이르게 되었다고 말했다.

그분에게는 미안한 말이지만 필자가 보기에 마케팅이 무엇인지 배우지는 않았을 것 같아 보였다. 그러나 그분은 마케팅의 본질을 정확히 꿰뚫고 계셨던 것이다. 마케팅의 본질은 고객의 만족을 통하여 판매하고자 하는 상품을 매출로 연결시키는 것이다. 그분은 트럭을 이용해 소비자들이 원하는 시간대에 정확히 소비자를 찾아가 필요한 상품을 그들에게 제공하므로 만족을 주었던 셈이다.

그리고 그 일로 인하여 푸드 트럭에 대하여 자연스럽게 더 관심을 갖게 되었고, 창업에 좋은 트렌드의 하나로 자리를 잡아나가고 있다는 것을 알게 되었다.

푸드 트럭은 창업의 자금이 부족한 사람들이 할 수 없이 선택하는 소매업태의 하나가 아니라 새로운 소비를 창출하는 소매업태의 새로운 트렌드 중 하나라는 것을 알아야 한다.

그리고 최근 푸드 트럭은 유동고객들만을 대상으로 하는 것이 아니라, 고객들을 찾아가는 영업을 많이 한다. 예를 들면 공공단

체나 특별 이벤트 행사 등에 음식이 필요한 경우 과거에는 집행진이 다 음식을 준비했으나, 요즘은 필요한 음식을 사전에 준비해서 즉석에서 따뜻하게 먹을 수 있게 하는 것이 유행인데 그 수요가 점차 많아지고 있다. 만약 푸드 트럭을 창업 아이템으로 하실 계획이 있으면 우리나라뿐 아니라 해외의 사례도 알아보면 도움이 될 테니 충분히 검토하실 것을 권한다.

4.
행사 매장 특판 업태로 창업

창업 예정자들과 면담을 해보면 많은 분들이 창업을 하는데, 꼭 매장을 구해서 그 장소에 인테리어를 해서 광고를 하며 그렇게 장사를 하시는 고정관념을 가지고 계신다. 그 생각은 맞다. 그렇게 생각하시는 것이 틀리다는 것도 아니고 가장 원칙적인 창업 방법이니 환영한다. 그러나 창업 자금은 많이 부족하나 창업하고자하는 아이템의 상품에 대하여 특별히 잘 알거나 특판 영업 방법에 일가견이 있다고 스스로 판단을 하신다면 업종에 따라 반대의 개념으로 접근하여 창업을 진행하시는 것이 더 좋을 수도 있다.

그렇다면 어떤 업종의 창업 아이템이 여기에 합당할까?

대부분 그런 아이템은 상품 회전률이 낮은 업종의 상품일수록 더 적합하다고 할 수 있다. 매장을 가지고 장사를 시작한 후 지속적으로 매출을 올리려면 그 점포의 상품이 일정한 시간 간격으로 자연스럽게 바뀌어 입점 고객들에게 식상하지 않게 하여 지속적으로 점포를 방문하게 하는 동기부여가 중요하다. 그러나 상품 회전률이 떨어지는 상품의 경우 점포 앞을 지나가는 유동고객 중 상품 구입을 목적으로 매장에 입점하는 고객들을 만족시켜 원하는 매출을 올리기가 매우 어려운 경우가 많다.

예를 들어 보자. 이불의 경우가 그렇다. 아무리 이불을 자주 구매한다고 하더라도 이불을 계절(Season)마다 구입해 바꿔 덮고 주무시는 분들은 거의 없을 것이다. 최근에 이불의 소비트렌드가 바뀌어 극세사 이불에서 구스 이불로 변해 구매하고자 하는 충동이 든다고 하더라도 그렇게 자주 이불을 구입하기가 쉽지 않다.

또 건강식품, 신발이나 가방 등의 피혁 제품들도 이에 해당한다. 의류 중에는 패션의 변화가 적은 니트 제품, 커트엔 쏘우(일명 다이마루) 제품, 속옷제품, 어린이들이 특별히 선호하는 완구나 잡화류 등도 이에 해당한다. 한 번 구매하면 추가로 구입하기까지 긴 시간(상품회전율로는 0.5~2 회전 미만의 제품들)이 필요로 하는 상품들은 거의 다 이 제품군에 해당한다.

이런 제품의 경우 상품을 바꾸는 것이 아니라 소비자를 바꾸는 것이 영업 전략에 필요하다. 즉 새로운 소비자가 있는 지역으로 상품을 옮겨 영업하는 것이다. 해당 점포의 주변 잠재고객으로는 원하는 매출을 올리지 못하는 상황(지속적으로 상품을 바꾸어 소비자의 만족을 이끌어낼 수 없는 경우)의 경우, 제일 먼저 점포 앞의 유동고객만으로 목표한 매출액이 나올 수 있는 입지의 장소로 이동하는 것이다.

매장에 주기적으로 입점하시는 고객들의 눈높이를 맞출 수 있을 만큼 상품이 충분히 교환 되어질 수 없다면 목표한 매출을 달성하기 위해서는 가능한 마케팅 전략 중 하나이다.

앞서 언급했듯이 그런 자리는 많은 금액의 권리금과 보증금이 필요하지만, 경우에 따라서는 그런 금액이 필요 없이 월 일정액만 내면 장사를 할 수 있는 곳이 많다. 우리가 소위 말하는 '깔세 매장'이다.

이런 종류의 매장이 생기는 장소는 생각보다 좋은 상권인 경우가 많은데, 그 이유는 대부분 이런 매장은 적지 않은 권리금이 형성되어 있는 매장들이다. 그 가운데 권리금과 관련된 분쟁이 있어 건물주가 세입자를 내보내고 일시적으로 임대하는 매장들이 대부분이다. 매장을 들어갈 때 생기는 권리금은 건물주와 아무런 상관이 없다. 세입자들끼리 주고받는 거래이다. 우리가 매장을 얻을 때 먼저 권리계약을 하고 난 후 건물주와 임대차 계약을 하게 되는데 이런 이유가 있기 때문이다. 건물주 입장에서 보면 본인과 아무런 상관이 없는 돈에서 문제가 발생되는 것이 당연히 싫고 엮이는 것을 원하지 않는다. 가끔은 이 권리금 때문에 세입자끼리, 그리고 세입자와 건물주 간에 문제가 발생하는 경우가 발생한다. 이런 유의 문제로 점포가 일정 시간 비게 되는데 그때 단기로 매장을 임대해 주게 되는 것이다.

그런데 막상 그렇게 시작되었다고 하더라도 들어오는 월세가 보증금을 받으며 장기 계약을 해줄 때보다 많은 금액이 들어와 그 방법의 임대를 더 선호하는 건물주들이 있다. 세입자와 장기계약을 하는 것보다 경제적으로 훨씬 이익이 되기 때문에 그냥 계속해서 보증금 없이 월세로만 임대를 주게 되는 것이다. 물론 반대의 경우도 있다. 임대인이 직접 '전전세'를 놓는 경우이다. 이럴 경우 집세와의 차액을 세입자가 가져가는 것이니만큼 많은 건물주들은 자신이 챙길 수 있는 금액을 세입자가 가져가니 좋아하지 않겠으나 아주 오랜 기간 영업을 하여 임대인이 건물주와 좋은 관계를 유지하는 경우나 세금이나 기타 문제로 세입자에게 발목이 잡히면서 그 부분을 양보하는 건물주들도 많다. 그러나 후자의 경우보다는 전자의 경우가 많다.

이런 종류의 매장은 상권의 분류로 보면 A급 상권보다는 떨어지고 그렇다고 B급 상권이라 하기에는 조금 좋은 애매한 상권에서 많이 생긴다. 그리고 재개발 상권 보다는 옛 건물들이 많은 '전통 상권'에서 많이 생긴다.

이와 같은 특판 영업의 창업은 의외로 숨어 있는 보석과 같은 아이템이 많고 그런 아이템과 어울리는 좋은 입지의 장소가 많아 충분히 긍정적으로 검토할 수 있는 창업의 한 방법인데 창업의 검토 항목에 나와 있지 않은 내용이고 힘들어 보인다는 이유로 많은 분들이 망설이고 있는 게 현실이다.

즉 영업의 부진 등의 마케팅 관련 사항이나 행사장을 섭외하는 어려움보다는 "이런 유의 창업까지 해야 하나?"라고 생각하는 마음의 문제가 더 큰 걸림돌이라 할 수 있다. 창업 시 스스로를 바닥까지 낮추어 마치 한 번 크게 사업을 실패한 후 재기한다는 마음가짐을 갖는다면 긍정적인 검토를 할 수 있는 창업의 길이라 할 수 있다. 그리고 이 방법은 반드시 일반 매장으로 오픈하시는 것보다는 더 확실한 전문성 갖추어야 한다는 것을 꼭 기억해 두시기 바란다.

5.
타인의 매장으로 들어가 창업

우리나라는 비슷한 경쟁관계 속에 있는 다른 나라보다 여러 부분에서 규제가 심하다는 것을 많은 국민들이 알고 계신다. 그중에는 간혹 말도 안 되는 규제가 있기도 하고, 경제 행정 등 여러 부서들 간의 비협조로 인하여 일반 국민들의 삶의 질이 떨어지는 경우가 있기도 했다.

인도 한복판에 전봇대가 서 있어 사고 등의 안전문제로 주민들이 위치를 움직여 줄 것을 끊임없이 민원을 넣어도 요지부동이었고, 공사를 한다고 도로를 뜯어내고 다시 포장한 뒤 얼마 지나지 않아 또 다른 공사를 진행한다고 그 포장해 놓은 도로를 다시 훼손하고, 멀쩡한 인도의 보도블록을 예산 낭비를 하면서 교체하기도 했다. 그러나 다행히 각 정권마다 시행착오를 줄이면서 점차 발전하여 여러 규제를 없애거나 완화시켜 국민들의 삶의 질이 점차 좋아지고 있다.

그중 올해부터는 예전에 볼 수 없었던 혁신적인 규제의 해제로 인해 많은 국민생활에 변화가 올 것으로 보인다.

대표적인 사례가 같은 공간에서 칸막이 없이 전혀 다른 업태가 서로 영업을 할 수 있게 된 것이다. 즉 대중음식점 등이 당구장이나 탁구장과 같은 업종과 영업이 가능하고, 커피나 차를 파는 카페 등이 화장품이나 꽃집, 음반 판매점 등과 같은 이종 업종과 운영을 할 수 있도록 한 것이다. 이 같은 내용을 담은 식품위생법 시행규칙 개정안이 시행됐다. 과거의 기존 식품위생법에서는 바닥에서 천장까지 움직이지 않는 차단벽 설치를 전제로 화장품이나 카페, 음반 판매점 등과 같이 같은 공간에서 영업할 수 있었는데 그런 규제가 바뀌게 된 것이다.

더 나아가 은행이나 증권사 등의 객장에서 커피나 아이스크림과 같은 음식의 판매가 가능해졌고, 의류 전문점이나 핸드백 등 잡화 전문점에서도 호떡이나 샌드위치를 판매해 고객에게 새로운 즐거움이나 만족도를 제공하여 더 큰 고객흡입력으로 더 많은 매출을 올릴 수 있는 계기가 만들어지게 되었다.

과거에도 숍인숍의 판매 형태가 없었던 것은 아니나 여러 종류의 규제나 인식의 부족으로 활성화에 한계가 있어 왔다. 그러나 앞으로는 소비자들의 소비트렌드의 변화와 함께 소매업태의 한 장으로 숍인숍이 큰 발전을 이룰 것으로 보인다. 그러므로 창업의 한 장르로 특히 1인 창업으로 큰 자금을 준비하지 않고도 충분히 검토가 가능해졌다.

그러면 숍인숍의 성공적인 창업을 위해서는 무엇을 준비해야 할까?

첫째, 숍인숍 전략의 핵심은 다른 것에 우선하여 좋은 상권의 좋은 입지에서 준비하여야 한다는 것이다. 이 이유는 내 아이템이 아무리 경쟁력이 있고 고객의 선택을 받을 수 있다고 하더라도 들어가고자 하는 점포의 위치가 좋지 않으면 입점하고자 하는 아이템의 운영자의 매장 운영에 한계가 있다는 점이다. 즉 아무리 뛰어난 상품과 마케팅이 있다고 하더라도 매출이 늘어나지 않는다. 그 점포의 그늘에 가리게 되는 것이다. 그러니 힘이 들더라도 입점하고자 하는 매장의 입지는 유동고객이 많은 좋은 위치에 입점해야 한다.

그러나 특별한 인간관계가 있거나 새로운 경영마인드로 무장되어 있지 않는 한 매출이 좋은 잘 나가는 자신의 매장을 나누어 다른 사람과 점포를 나누어 사용할 업주는 많지 않을 것이다. 그런 이유로 숍인숍을 준비하고자 찾는 업소는 매출이 부진한 업소가 대부분이다. 그러나 너무 좌절할 필요는 없다고 생각한다. 왜냐하면 상권과 입지가 괜찮은 업소들의 매출 부진의 원인이 꼭 한 두 가지만 있는 것이 아니기 때문이다. 매출이 부진한 업소들 중에 숍인숍의 아이템과 시너지 효과를 올릴 수 있는 업종을 찾아 접근하면 좋은 결과가 있을 것이다.

둘째, 아이템 선정을 잘해야 한다.

너무나 당연한 이야기가 될 수 있으나 들어가고자 하는 업종과 어울리는 아이템의 선정이 성공적인 창업으로 이어진다는 것을 알아야 한다. 그런데 여기서 어울린다는 개념을 잘 이해해야 한다. 예를 들어 의류 전문점과 어울리는 아이템으로는 당연히 액세서리 등과 같은 아이템으로 판단을 하는데, 그런 생각은 과거의 개념이다. 최근에는 숍인숍으로 들어가는 업종의 아이템이 기존 매장의 아이템과 별도의 고객 흡입력을 갖는 아이템이 많으므로 일종의 콜라보레이션 개념으로 접근하며 시너지 효과를 낼 수 있는 아이템을 준비하는 것이 더 효과적이다. '모방은 창조의 어머니'라는 말이 있으니 성공적인 숍인숍을 많이 찾아보고 '벤치마킹'하는 것이 좋다고 권해드린다.

셋째, 숍인숍 매장의 인테리어를 효과적으로 잘해야 한다. 숍인숍 매장의 인테리어를 실시할 때 가장 주의해야 할 것은 기존 매장과의 조화이다. 숍인숍 매장의 인테리어가 아무리 비싼 가격대의 화려한 인테리어를 하여 사람들의 이목을 끌게 된다고 하더라도 기존 매장과 조화를 이루지 못하면 인테리어의 효과가 크게 떨어진다. 소비자들이 보기에 부자연스럽게 느낄 뿐 아니라 매출에 별 도움이 되지 못한다. 또 반대로 너무 허술한 인테리어는 기존 매장의 품격을 떨어뜨리고 판매하고자 하는 상품을 고객들에게 인지시키지 못하는 우를 범할 수 있다.

넷째, 숍인숍을 할 수 있는 매장을 찾다 보면 매출이 부진한 매장과 연결될 가능성이 높은데, 이 경우 창업하는 매장의 영업과 상관없이 기존 점포의 문제로 영업이 중지될 가능성도 배제할 수가 없다. 즉 계약 기간이 충분히 남아 있어 그것을 보고 계약 했다 하더라도 기존 점포가 임대료를 내지 못해 중도에 계약이 해지될 수도 있는 상황이 벌어질 수도 있기 때문에 계약서에 이와 같은 문제를 사전에 충분히 검토하여 계약서를 써야 된다. 물론 그런 일이 예상된다면 계약 전 매장의 조사를 충분히 하여 사전에 이를 미리 피하는 전략도 준비해야 한다.

다섯째, 영업시간의 문제는 사전에 자세히 협의해야 한다. 숍인숍의 아이템으로 가장 많이 활용되는 아이템은 아무래도 커피숍이다. 그런데 커피숍은 위치에 따라 아침 일찍 점포를 오픈하여야 하는 경우가 많다. 그런데 그럴 경우 기존 매장의 오픈 시간과 서로 달라 불편이 발생하는 경우가 생길 수 있다. 그리고 반대로 기존 매장은 폐점을 일찍 하는데 입점하는 점포의 영업시간이 늦어져 서로 불편할 수 있으니 이런 부수적인 문제 등은 사전에 충분히 협의하고 시작해야 한다.

앞서 여러 가지 문제점이나 주의사항들을 검토하여야 한다고 말씀을 드려 마치 이런 종류의 창업이 부정적인 면만 강조가 되는듯한데 최근의 창업 트렌드가 소형매장으로 1인 창업이 유행하는 만큼 타인 매장으로 들어가 창업하는 방법은 좋은 창업의 한 가지 형태라 말씀드릴 수 있다.

제8장

게임 중 열 받으면
무조건 진다
열 받지 마라

게임에서 정말 중요한 계명 중 하나이다. 쉽게 말해 어떤 경우에도 열 받지 말란 뜻이다. 그리고 스톱하거나 패를 덮어야 할 상황이 오면 어떤 마음의 흔들림이 있다고 하더라도 제자리에 정지하라는 것이다. 사실 실전에서는 이와 같은 상황에서 냉정함을 유지한다는 것이 말처럼 쉽지 않다. 실전에서는 안 될 것이 뻔한데 물 패를 가지고 열고 해 피박을 쓰거나, 그냥 덮으면 되는데 꼭 확인하겠다고 따라 콜 배팅을 해서 의미 없이 돈을 잃어버리고 게임의 흐름을 놓치는 경우가 왕왕 있다.

또한 게임 중에는 끓어오르는 마음의 분노로 인하여, 때에 따라서는 극도의 절망감으로 인하여 상황 판단을 못하는 경우가 비일비재하다.

그러나 세상의 모든 이치가 다 그렇듯이 열 받아서 되는 일이 없다. 아니 될 것도 안 된다. 아마 예비사장님들도 살아오시면서 이와 비슷한 경험들을 많이 해 보셨을 것이다. 여기서는 힘들게 오픈한 점포와 관련지어 소위 말하는 '열 받는 일'들에는 어떤 것들이 있는지 어떻게 하면 열을 받지 않을 수 있는지 알아보자.

당연한 말이지만 먼저 열 받을 상황을 만들지 말아야 한다. 그리고 열 받을 상황이 생기더라도 절대 겉으로 그것을 표시해서는 곤란하다. 사업을 하면서 열 받는 상황으로 인하여 사장이 자신의 감정을 통제하지 못하여 그 상황을 더욱 어렵게 만들어 고객들을 놓치거나 꼭 필요한 직원들이 갑자기 그만두어 점포에 심각한 타격을 입는 경우가 많다.

그러므로 그 원인들을 사전에 찾아 가장 빠른 시간 안에 제거해야 한다. 창업해서 사업을 해나가다 보면 이런 상황이 발생하는 경우는 어쩔 수가 없다. 그런 것을 당하지 않으려면 사업을 하지 않는 방법 외에는 없다. 또한 그런 상황을 무서워하거나 피할 생각은 버리자. 그리고 그런 상황과 맞닥트리면 이겨낼 수 있도록 사전에 준비하도록 하자.

사업 중 열 받는 일은 다음과 같은 몇 가지 경우로 인해 발생하는 경우가 대부분이다.

1.
돈으로 인해서 열 받는다

사업을 하는 중에 돈으로 인해 고통당하는 것은 영원한 불문율이다. 이를 피할 수 있는 방법은 없다. 만약 사업을 하면서 직장 생활(그것도 대기업)처럼 때가 되면 알아서 또박또박 지급되는 월급과 같이 회사의 매출이 발생하고 그에 따라 이익이 창출된다면 사업을 하면서 돈으로 고민하는 사람은 아무도 없을 것이며 누구든지 사업을 하려 할 것이다. 그러므로 돈과 관련된 문제가 발생하면 그냥 그러려니 생각하고 사전에 최대한 준비를 해서 대처하는 게 좋다고 권한다. 그러면 돈과 관련되어 열 받는 일은 어떻게 대처를 해야 할까?

사업의 아이템 중 돈으로 인하여 고통을 받을 가능성이 높은 아이템은 보통 마진이 많은 아이템이다. 마진이 많은 만큼 변수가 많고 그만큼 자금을 회수하는 데 문제를 일으킬 위험이 높다. 요식업 중에는 전통 아이템보다는 퓨전 아이템으로 사업할 때 위험성이 커진다 할 수 있다. 전통 아이템보다는 퓨전 아이템의 마진율이 상대적으로 높고 마케팅의 변수가 많아 자금 회수에 문제를 일으킬 가능성이 높다.

또한 필자가 알고 있는 업종 중에는 의류의 원단 사업이 자금의 회수 문제로 고통을 많이 받는 업종이다.

그리고 의류 중 패션의 변화가 많은 디자인을 생산하는 업체들이 매출 및 이익률이 높고 그만큼 판매 부진에 따른 위험성이 높아 원단 영업을 하시는 분들의 부도율이 높다. 그래서 원단 사업을 하시는 분들은 잊을만하면 한 번씩 부도를 맞고 그때마다 채권단을 형성하여 납품한 그들의 납품대금을 회수하기 위하여 애를 쓴다. 그들을 옆에서 보면 마치 납품한 그 원단 대금을 받지 못하면 해외로 야반도주를 해야 하는 것처럼 행동들을 한다. 어떤 때는 차마 보기가 힘들 때도 있다.

필자가 가까이 알고 있었던 원단 사업자가 한 사람 있었다. 어느 날 그 사람에게 전화가 와 술을 한 잔 사달라는 것이었다. 지금 워낙 큰 거래선으로부터 부도를 맞아서 장사를 포기해야 할 것 같다며 거의 다 죽어가는 소리를 하는 것이었다. 그때 본인은 어느 업체가 부도가 난 줄 알고 있었던 때여서 "혹시 그 양반이 엮인 것 아닌가?"라고 생각하며 걱정을 하고 있을 때였다. 안됐다는 마음도 들고 해서 저녁에 술을 한잔했다. 한 잔 두 잔 시작해서 제법 많이 취기가 오른 뒤였다.

나는 걱정스러워 "그래 사업 접고 나면 어디 가서 뭣하며 먹고 살 거냐?"고 물었다. 그런데 그 양반이 취중에 전혀 의외의 대답을 하는 것이었다. "가긴 어디를 가? 우리 원단 장사들은 항상 이럴 때를 대비해 매출의 일정 금액은 적금으로 몰래 들어둔다." 이러는 거였다. 그리고 앞에서 죽는 소리를 해도 뒤에서는 다 대책을 세운다는 거였다. 그러면서 "다만 이번에는 금액이 조금 커서 이번 시즌 장사는 헛것이다."라며 혀가 꼬부라지면서 이야기했다. 나는 괜한 걱정을 했다고 생각하며 쓸데없이 술값만 나갔다고 속으로 툴툴댔다. 재미있었던 것은 그 대표는 정작 다음날 통화를 할 때 본인이 했던 말을 기억하지 못하고 있었다.

물론 원단 사업을 하시는 분들 중 부도를 맞고 사업을 접으시는 분들도 있으니 전부 그 대표처럼 사전에 준비를 잘 한다고는 말하지 못할 것이고, 또한 최근에는 원단 장사도 예전 같지 않다고 하니 예를 든 것으로 원단 장사를 하시는 분들로부터 쓴 소리를 들을 수도 있겠으나 그 업종에 계시는 분들의 준비성을 사업을 하시고자 하는 많은 예비사장님들은 배워야 하지 않을까 생각한다.

필자도 많은 사업을 해봐서 항상 이익을 남겨 그 돈으로 적금을 든다는 것이 얼마나 어려운지 잘 안다. 그러나 결정적일 때 열 받으며 돈 문제로 골치 아파하지 않으려면 그 원단 사업 대표님처럼 눈 딱 감고 그 돈 없다고 치고 몰래 적금을 들어 가장 위험할 때를 대비하는 게 좋지 않을까 생각해 본다.

그리고 이렇게 별도의 자금을 준비하려면 무엇보다 오픈 후 빠른 시간 안에 매출의 손익분기점을 넘겨야 한다. 손익분기점을 알아야 한다고 말씀을 드리면 그런 것은 배운 적도 없다고 걱정을 하실 수 있으나 사업을 하시다 보면 대표님들은 감각적으로 지금

이익이 나는지 손해가 나는지 대략 알게 된다.

그럼에도 정확한 손익분기점의 매출을 알고자 하면 다음의 공식을 활용하면 간단히 아실 수 있다.

다음의 공식에 실제 숫자가 들어가는 예를 들어 보자.

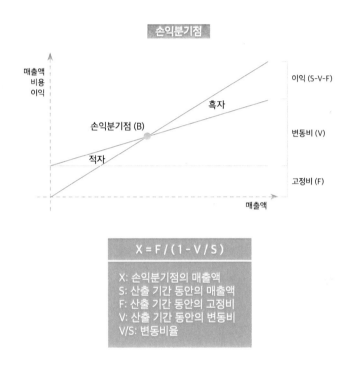

손익분기점

$$X = F / (1 - V / S)$$

X: 손익분기점의 매출액
S: 산출 기간 동안의 매출액
F: 산출 기간 동안의 고정비
V: 산출 기간 동안의 변동비
V/S: 변동비율

월 3,000만 원의 매출이 오르는 점포에서 월 인건비, 임대료 등의 고정비가 1,000만 원이 지출되고, 상품 원자재비, 전기광열비, 광고비 등 변동비가 1,200만원이 지출되는 매장이라 하면 손익분기 매출액은 1,000만 원/(1-1,200만 원/3,000만 원) = 1,667만 원이 되는 것이다.

이와 같이 간단히 손익 분기 매출을 아시면서 그에 맞는 자금운영을 하시고 별도의 이익금을 관리하셔서 갑작스러운 자금의 지출이나 매출의 변동에 따른 이익 감소의 상황에 대비하시는 자세가 필요하다고 말씀드린다.

그리고 시작도 하지 않은 예비사장님에게는 아픈 말씀일지는 모르지만, 이런 저런 모양의 대비를 하였는데도 영업의 여러 여건과 자금운영이 어렵게 되어 할 수 없이 사채를 써야 될 상황이 되면 어떤 일이 생긴다고 하더라도 그 사업체를 접으시길 권한다. 왜냐하면 건전하게 사업을 운영하시면서 그런 상황에 몰렸다면 그 상황이 오기 전 필요한 모든 방법을 전부 동원했었다는 뜻이 되므로 더 이상 그 사업을 끌고 간다는 것은 또 다른 피해를 만들 수밖에 없다는 의미이기도 하다.

그럴 때는 과감히 스톱하여야 한다. 사업을 접으셔야 한다.

열 받는다고 '열 고'하는 게 아니라는 것을 다시 한 번 더 말씀드린다.

2.
직원의 근태상황 때문에
열 받는다

　사업을 하시다 보면 가장 많이 마주하게 되는 상황이 직원들의 근무 상태로 인한 '스트레스'이다. 경우에 따라서는 스트레스라는 점잖은 말로는 부족한 진짜로 뚜껑 열릴 정도로 열 받는 상황을 많이 겪게 된다. 그럴 때 앞뒤 가리지 않고 감정이 올라오는 대로 말하고 행동하면 뒷감당을 못할 정도로 낭패를 당할 수 있다. 기분 같아서는 그 자리에서 바로 밀렸던 감정 다 토해내며 심한 말을 하고 해고 처분을 하고 싶지만 그럴 경우 개인적으로나 점포 전체로 돌아오는 불이익이 상당하다.

　그러므로 이와 같은 직원들의 근태와 관련된 문제들은 그것이 터져 문제가 되기 전 사전에 노력을 기울여 '열 받는 상황'을 미리 차단해야 한다. 그러기 위해서는 다음의 몇 가지를 꼭 실천하기를 권한다.

　첫째, 직원을 잘 뽑아야 한다.

창업을 준비하시는 분들께 직원 채용과 관련하여 여쭈어보면 많은 사장님들이 "뽑은 뒤에 필요한 것들을 가르치지."라고 말씀하고 계신다. 이런 말씀은 틀린 것은 아니나 위험성을 안고 출발한다는 것을 아시기 바란다. 직원들의 근태와 관련된 습관은 여러분을 만나기 전 그 직원들이 긴 시간 동안 만들어져온 가치관의 결과로 굳어져 있는 것으로 짧은 시간 안에 바꾸기가 결코 쉽지 않기 때문이다.

여기서 재미있는 그러나 참고할 만한 사례를 말씀드리고자 한다. '평강공주와 바보온달' 이야기다. 처음 부분은 각설하고 평강공주가 바보 온달을 온달장군으로 바꾸려고 훈련을 위해 궁에서 가지고 나온 패물로 말을 사오라고 시켰다. 그러면서 보기에는 마르고 약해 보여도 반드시 궁에서 나온 말을 사오라고 주문했다. 온달은 시키는 대로 비쩍 마른 말을 사 가지고 왔다. 평강 공주는 그 말을 잘 먹이고 훈련을 시켜 온달이 장군으로 큰일을 할 때까지 그 말을 타고 다니게 했다. 평강공주의 말에 대한 안목이 정확했음을 알 수 있고 그럴 수 있었던 데는 궁 안에서는 어떤 말들을 키우는지, 그리고 궁에서 나온 말들은 말이 약해 보여도 족보가 있는 좋은 말이란 것을 평강공주는 알고 있었기에 가능했던 일이었다.

그렇다. 직원을 선택하고자 할 때는 준비되어 있는 올바른 가치관을 갖고 있는 직원을 뽑아야 한다. 함께 일할 좋은 직원을 채용하는 것은 성공적인 창업을 위해서는 필수요소이다. 사장님들의 성품이 다 다르다고 하여도 주관적으로는 사업을 하시는 사장님들과 잘 맞는 직원이 필요하고 객관적으로는 사장님들이 사전에 정해 놓은 조건에 합당한 사람을 채용하시는 것이 좋겠다고 권해드린다. 그럼 무슨 기준으로 직원을 선택해야 좋을까.

먼저 자기 자신을 사랑하는 사람이어야 된다. 자기 자신을 사랑하지 못하는 사람은 주위의 누구도 무엇도 사랑할 수 없다. 자기 자신을 사랑하는 사람은 자기가 속해 있는 그 조직도 사랑하고 상품도 사랑하고 고객도 사랑하게 되는 것이다. 그런 사랑이 있는 사람은 그 사랑이 겉으로 드러나는 법이다. 그리고 그런 사람의 행동은 자연스럽게 호감이 가는 서비스로 나타나게 된다. 그런 사람 구하시기 어렵다고요? 동 업계의 경쟁 업체보다 조금만 더 급여를 주면 만날 수 있다. 더 지출한 인건비는 몇 배~몇 십 배의 매출로 돌아올 것이다. 그리고 더하여 건강한 사람을 뽑아야 한다. 몸이 아프면 근무에 문제가 발생할 뿐 아니라 만족스러운 고객 서비스를 제공하기가 어렵다. 그 건강에는 육체뿐 아니라 정신적으로도 건강하면 더할 나위 없다. 그리고 직원들에 대한 눈높이를 낮추어야 한다. 만약 직원이 여러분이 하는 수준의 업무를 자연스럽게 처리하는 사람이라면 역설적으로 사장님 곁에 오래 있지 못할 것이다. 그 정도 수준의 사람이라면 조만간 여러분처럼 창업을 하거나 최소한 더 좋은 조건을 찾아 떠나간다고 보면 틀림없다. 그러니 지금 함께하는 직원을 여러분의 수준으로 높여 보지 말기를 바란다. 그 직원들은 그 수준이 있는 것이다.

둘째, '하라'고 할 때가 있고 '하자'고 할 때가 있다.

잘 훈련되어 있는 조직에서는 부하 직원은 상사가 지시하거나 지시하기 전이라 하더라도 지금 무엇을 해야 하는지 잘 알아 업무를 원활히 처리한다. 그러나 그런 것은 대기업이나 잘 조직된 중소기업에서나 가능한 것이고 처음 사업을 시작할 때부터 그런 완벽함을 바라는 것은 무리이다. 그와 비슷한 수준에만 이른다고 하여도 대성공이라 말할 수 있다.

여러 사장님들이 원하는 수준의 조직이 되기 위해서는 직원들에게 '하라'고 업무를 지시할 때가 있는가 하면 '하자'라고 그들을 다독이며 힘든 시간을 이겨내야 할 때가 있다.

여기서 과거 저의 입사 초 OJT(On The Job Training) 기간에 있었던 경험을 말씀드리고자 한다. 그룹 입사 후 백화점으로 발령이 난 후 여성의류부에서 직장생활을 시작했다. 그런데 업무 시작부터 행사전문 의류 '매대'에 종일 세워 놓는 게 아니겠는가? 처음에는 "며칠이면 되겠지. 오래야 하겠어?"라고 생각했다. 그런데 그게 아니었다. 일 주 이 주 지나더니만 한 달 그리고 두 달이 지나는 것이었다. 처음에는 이런 일을 남자직원에게 시킨다는 짜증과 함께 다리가 아프더니 나중에는 허리가 끊어지는 것 같았다. 그리고 긴 시간을 지속적으로 서 있다 보니 나중에는 관절을 움직일 때마다 무슨 기계 파열음 같은 소리가 나면서 다음 행동을 하기가 무척 어려웠고 지속적으로 같은 자세로 서 있다 보니 고통과 함께 백화점에서 가르치며 하라고 하는 친절한 서비스는 거의 안 되었다.

그런데 종일 서 있다 보니 전혀 새로운 것들을 알게 되었다. 어떻게 하면 매대의 상품이 잘 팔린다는 노하우를 터득하게 된 것은 둘째 치고 평생 사업에 꼭 필요한 중요한 것을 알게 되었다.

독자 여러분에게 여쭈어 보겠다. 만약 여러분이 오전 10시부터 저

녀 7시까지 하루 종일 서 있으면 다리가 시간대 별로 어떻게 아플까? 12시, 2시, 4시, 6시, 7시 이렇게 시간별로 아플까? 우리는 대부분 7시로 가면 갈수록 다리가 더 아프리라 생각할 것이다. 그러나 그렇지 않다. 안 아픈 시간대별로 순서대로 기록해보면 12시, 7시, 6시, 2시, 4시이다. "에이 설마?" 그렇게 말씀하는 분들도 계시다.

그러나 오후 3~4시 시간대가 가장 아프고 퇴근 시간이 다가올수록 다리의 통증이 사라지기 시작한다. 필자도 그런 것들을 느끼면서 처음에는 참 희한하다고 생각했다. 그것은 퇴근 시간이 다가오면 통증이 있어도 퇴근의 기쁨으로 그 통증이 줄어든다고 느끼는 것이다.

그러면 직원들의 업무와 관련해서 언제 '하자'라고 해야 되는지 아실 것이다. 바로 직원들이 가장 피곤을 온 몸으로 많이 느낄 때 사장님들이 함께 하며 '하자'라고 하는 것이다. 직원들의 입장에서 보면 지치고 피곤해 견디기 어려울 때 사장님이 일을 앞서 챙기면서 함께 할 때 그 조직과 사장님께 더 충성하게 되는 것이며 그와 같은 시간들이 쌓이게 되면 직원으로부터 마음에서 우러나는 대고객 서비스가 이루어지면서 직원의 근태 문제로 열 받을 일이 없어지게 되는 것이다.

일을 두려워하거나 피하지 말기를 부탁드린다. 그 업무 속에서 직원들을 근본적으로 이해하는 길이 숨어 있다.

셋째, 해고는 조용히 신속하게 해야 한다.

같이 함께하고 있는 직원들을 일부러 미워하거나 싫어하는 사람은 없다. '싸이코패스'의 성향이 없는 한 그렇게 할 사장님들은 안 계시리라 생각한다. 그리고 앞에서 언급한 바와 같지는 않아도 자신만의 스타일로 직원들을 객관적으로 관리해 왔음에도 불구하고 함께할 수 없을 정도의 상태가 계속된다면 그때는 결론을 내려야 한다. 해고를 해야 하는 것이다.

그런데 이때 주의해야 할 내용이 있다. 아주 신속하게 정리를 해야 한다는 것이다. 물론 그 대상자는 평소 문제를 일으키는 직원을 말하는 것이다. 열심히 일하다가 개인적인 사유로 어쩔 수 없이 퇴직하는 직원들은 오히려 다른 직원들과 좋은 관계를 유지할 수 있도록 시간을 주어 사직해도 좋다. 그러나 그렇지 못했던 직원은 과감하고 신속히 정리하는 것이 좋다. 아울러 평소에 감정이 많이 쌓여 있다고 하더라도 최대한 좋은 말과 함께 예의를 지키는 것이 필요하다. 또한 절대 피해야 할 것은 "다른 곳에 가면 여기서 하듯이 하지 마라."와 같은 훈계의 말이다. 조금도 서로에게 도움이 되지 않는다. 그와 같은 말이 들어가 변화가 될 수 있었다면 그 시간 전에 벌써 변화가 되어 바뀌었을 것이다. 오히려 서로의 마음에 상처만을 만드는 꼴이 되고 만다. 끝까지 냉정함을 유지해야 한다.

3.
소비자의 '갑질' 때문에
열 받는다

얼마 전 우리나라에서 '갑질'의 문제가 사회적으로 많은 사람의 관심의 대상이 된 적 있었다. 모 항공사의 오너 가족이 고객으로 비행기에 탑승을 한 후 승무원에게 행한 막말 문제로 인하여 모든 국민들의 이목을 집중시키더니, 백화점에서 상품의 반품 문제로 고객이 판매직원의 무릎을 꿇게 하는 사건이 연이어 발생하면서 과도한 '갑질' 행위가 국민들로부터 손가락질을 받았다.

그런데 그와 같은 '갑질'이 남의 일이었을 때는 아무 상관이 없지만, 그게 나의 일이 되었을 때는 문제가 심각하다(여기서 필자가 이야기하고자 하는 것은 정상적인 '고객 컴플레인'은 그 대상이 아님을 미리 말씀드린다).

몇 가지 과도한 고객 컴플레인의 사례를 함께 나누면서 어떠한 대응책을 준비 하여야 하는지 알아보자. 먼저 직장 생활 중에 있었던 컴플레인을 소개한다.

화창한 초여름 어느 날이었다. 점심을 맛있게 먹고 양치질을 막

끝내고 매장에 나왔을 때였다. 매장 한쪽 끝에서 고함소리와 함께 사람들이 모여 소란스러웠다. 그리고 한 여직원이 막 내게 뛰어와 "저 손님 좀 어떻게 해 달라"며 나를 그쪽으로 데려갔다. 내용을 들어보니 "백화점에서 산 청바지가 줄어들어 애에게 입힐 수 없으니 환불을 해 달라"는 것이었다. 그래서 청바지를 보니 바지가 길어 두 번 접어 입어 두 번 접은 자국이 선명하게 있고 하도 오래 입혀 청바지 안쪽의 브랜드 라벨과 같이 바느질된 라벨(일명 와끼라벨)의 제조일자가 다 지워져 글씨를 전혀 알아볼 수 없는 상태였다. 그런데도 산 지 얼마 안 된 청바지가 물에 빨아서 줄어들었다고 환불 해달라는 것이었다. 청바지 상태를 보니 최소 5~6년은 더 되어 보였고 무엇보다 반품을 하려면 어느 거래처의 상품인지 알아야 되는데, 최고참 담당 파트장도 전혀 모르겠다고 해 어느 코드로 반품을 잡아야 될지 참으로 난감했다.

과연 이와 같은 상황에 직접 마주치게 된다면 여러 예비사장님들은 어떻게 하시겠는가?

그 답은 '그냥 반품처리'이다. 왜냐하면 오랜 기간 소매업에 있어 본 경험으로는 이와 같은 왕 '갑질' 손님은 많지 않으므로 그냥 반품 처리하는 것이 옳다. 마음속으로는 열 받는다. 그러나 그 마음을 가라앉혀야 한다. 정 안 되면 "X이 무서워서 피하냐 더러워서 피하지"라고 생각하며 마음을 다스려야 한다. 그 소비자를 설득해서 반품을 안 해준다고 점포에 크게 득 될 일이 없기 때문이다. 그리고 계속해서 큰 소리가 나면 오히려 영업에 방해만 될 뿐이다.

이번에는 다른 사례를 말씀드리고자 한다.

피자 사업을 할 때의 일이었다. 어느 날 소비자로부터 "어제 저녁 당신네 피자를 먹고 나서 온 식구들이 설사를 한다." 그러니 변상을 하라는 것이었다. 참고로 피자는 미리 만들어 놓는 음식이 아니고 주문이 들어오면 그때그때 만들어 나가기 때문에 상할 가능성은 매우 낮다. 토핑의 내용물도 거의 대부분 가공해서 들어오는 제품이기 때문에 웬만해서는 상하지 않는다. 그리고 도우에 문제가 발생한다고 하면 하나만 문제가 생기는 것이 아니라 그 반죽 통 전체가 문제가 발생하지 결코 하나만 그럴 가능성은 거의 제로에 가깝다.

과연 이런 종류의 컴플레인은 어떻게 처리를 해야 할까? 이런 경우는 직접 말로 처리할 수 있는 문제가 아니다. 그 답은 '사전에 준비를 해두어야 한다.'이다. 사업을 시작할 때 화재보험이나 자동차 보험을 가입할 때 함께 음식물 보험을 사전에 들어 두어야 하는 것이다.

그때 필자는 친절히 전화를 받고 "우리는 이런 경우를 대비하여 사전에 보험을 들어 두었습니다. 보험 접수를 지금 바로 할 테니 보험사 직원에게 다시 한 번 말씀을 해주시기 바란다."라고 응대를 했다. 그랬더니 "아니 뭐… 그렇다는 거지 뭐… 보험 접수까지…"라고 당황해하더니 "같이 먹었던 음식에 문제가 있을 수도 있지요." 라며 묻지 않은 대답까지 하며 황망히 전화를 끊었다.

요즘은 컴퓨터로 다 고객관리를 하기 때문에 전화가 오면 그 전화번호로 주문했던 날자와 주문 이력 등이 자동으로 화면에 뜬다. 그때 만약 자주 주문했던 고정고객이었다면 그런 보험접수의 말씀을 드리더라도 무조건 다시 피자를 만들어 찾아가 피자를 드리면서 사과의 말씀을 먼저 했을 것이다. 우리의 잘못이 없었다고 하더라도 고객관리 차원에서 말이다. 그런데 그 당시 그 집은 첫 주문이었다.

그럼 여기서 잠깐 앞서 예를 들어드린 소비자의 '갑질'의 경우 외에 순수하게 업소(매장)에서 잘못하여 발생한 고객 컴플레인 처리의 사례를 한 가지 알아보고자 한다. 주제와는 조금 다르지만 컴플레인 처리에서 참고할 내용이다.

불과 얼마 전의 일이다. 모 교육 프로그램에서 만나 교제를 하고 있는 창업자의 경우이다. 그의 창업 아이템은 족발이었다. 처음에는 자리를 잡지 못해 고전하다가 점차 고정고객이 늘면서 지금은 부부가 운영하기에 벅찰 정도로 매출이 늘었다. 우연히 그 근방에서 손님을 만날 약속이 생겨 그 집에 갔다.

사전에 찾아간다고 예약전화를 하지 않았으면 곤란했을 정도로 자리가 다 차 있었다. 조금 이른 시간이었는데도 예약 자리 외에는 만석이었다. 가끔 배달도 나간다고 하는데 그날 저녁은 배달을 못 나간다고 전화가 온 손님에게 양해를 구하는 통화를 옆에서 들으니 내 일처럼 흐뭇하기도 했다. 시간이 지나 한 팀 두 팀 손님들이 빠져 나가고 나니 이야기를 나눌 틈도 생겨 행주를 든 손으로 우리가 앉아 있는 테이블로 왔다. 그는 "두 분이 오셔서 그런지 오늘따라 유달리 바빠 준비해 놓은 족발이 다 나가 정신이 없다"면서 모처럼 본 얼굴이 아주 환했다.

그리고 반가운 마음에 이야기를 나눈 지 얼마 지나지 않아 한 아주머께서 들어오셨다. 순간 우리와 말을 나누던 그 사장님은 벌떡 일어나다더니 어쩔 줄 몰라 하며 당황했다. 예약 손님이었던 것이다. 정신이 없이 바쁘다고 하더니 예약 손님의 족발까지 다 판매해 버린 것이었다. 손님은 당연히 있어야 할 족발이 없으니 반응이 좋을 리 있겠는가. 그 고객의 불평과 책임지라는 컴플레인은 당연한 것이었다.

이렇게 점포에서 잘못하여 발생한 이와 같은 컴플레인은 어떻게 해야 할까? 그 사장님은 어떻게 했을까?

그는 계속해서 자신의 잘못과 함께 그날의 상황을 설명하면서 손님께 양해를 구했다. 당연한 일이다. 그 고객이 아무리 심한 말을 하더라도 자신이 잘못한 것이고 더군다나 아직까지 매장에 다른 고객 분들도 계시는 상황이니 어쩔 수 없다. 결국 단단히 한소리를 듣고 소란은 일단락되었다. 고객컴프레인은 그렇게 마무리된 것이었다. 그럼 과연 그렇게 한 것이 최선이었을까?

만약 필자가 주인이었다면 아마 이렇게 했을 것이다. 먼저 양해를 구하고 점포에 있는 다른 상품(그 집은 족발 외에 보쌈도 판매를 하고 있었음)을 예약을 지키지 못한 '페널티'로 그 고객에게 서비스로 지급했을 것이다. 고객이 받으려 하지 않더라도 강권적으로 손에 들려 결코 빈손으로 보내지 않았을 것이다.

왜냐하면 당장 그날 그 고객은 식구나 가까운 사람들과 함께 음식을 먹기로 약속이 되어 있었을 테니 족발은 아닐지라도 그 욕구를 채울 수 있게 해드린 것이고, 그와 같은 공짜 서비스를 받는 고객들은 다른 비슷한 업종의 경쟁업체로 빼앗기지 않을 뿐 아니라 대부분 충성고객으로 바뀌어 매출에 큰 도움이 되기 때문이다. 또

한 그 고객 외에도 함께 그 광경을 지켜본 점포의 다른 고객에게
도 큰 마케팅 활동이 되었을 것은 자명하기 때문이다.

즉 위기를 기회로 만드는 것이다. 점포의 잘못으로 인한 컴플레
인을 마케팅 활동의 기회로 바꾸는 것이다.

고객의 '갑질'이 있다 하여도 열 받으면 안 된다. 그것으로 인하
여 점포에 해가 되지 않도록 의연하게 처리해야 하고 또한 사전에
철저히 준비해서 근본적인 해결책을 가지고 있어야 한다. 한편으
로 점포의 잘못으로 인한 컴플레인은 뒤처리를 잘해야 하고 항상
또 다른 마케팅 활동의 기회로 만들어야 한다.

제9장

어떻게 해도 안 풀리면
기존에 하던 게임의
패턴을 바꿔라

게임을 하다 보면 손에 들어오는 패는 좋은데 이상하리만큼 계속 패가 말리며 안 되는 때가 있다. 손에 고도리나 광, 단 등 진패를 들고 있어도 먹으려고 패를 만지면 앞에서 톡 끊어가 패가 말리면서 상대방이 먼저 점수가 날 때까지 끝까지 이러지도 저러지도 못하다 지는 경우가 있다. 그리고 '공포의 7각패'에 조커가 있어도 '피박'을 쓰는 때가 있고 조커패가 뒤집어져도 그 패까지 함께 설사를 하는 경우가 있다.

또한 투 페어 한 번 제대로 안 들어오다가 오랜만에 집(풀 하우스)을 지었는데 다른 집 지은 상대방에게 철저히 짓밟혀 거의 무일푼 상태까지 가는 경우도 있다. 그럴 때는 차라리 "패가 안 들어 왔었다면…" 하는 생각과 함께 아무리 표정관리를 하려 해도 안 되며 고통스러울 때가 있다. 게임 중 그런 경우는 필자뿐 아니라 많은 독자 분들께서 경험이 있으실 것이다. 이와 같이 아무리 발버둥을

쳐도 안 풀릴 때가 있다.

그럴 때는 치는 방식을 완전히 뒤집어 기존의 게임 패턴을 바꾸는 것이 좋다. 무작위로 손에 잡히는 패를 던져 패의 흐름을 바꾸는 전략을 구사하던가 아니면 2등으로 가는 사람에게 패를 밀어줘 독박을 쓰더라도 적은 점수로 빨리 판이 끝나도록 작전을 변경해야 한다. 또한 레이스의 방법을 반대로 하며 분위기와 카드의 순서를 바꾸는 작전 등 새로운 전략이 필요할 때도 있다.

어쨌든 어느 전략이나 전술을 쓰던지 안 되고 깨지는 것이 뻔한 상황에서는 그대로 있어서는 안 된다. 극단적인 방법이라도 동원해야 한다.

사업에서도 마찬가지이다. 창업을 하게 되면 누구나 최선을 다해 사업을 한다. 지금 하고 있는 방법이 객관적으로 조금 더 좋으냐 아니냐는 방향성의 문제만 있을 뿐 모든 사장님들은 할 수 있는 자신의 역량을 총동원해 사업을 진행시킨다. 그러나 사장님들의 뜻과 상관없이 여러 가지의 이유로 매출이 부진해지며 기로에 서는 경우가 적지 않게 생긴다.

특히 그런 여러 문제들이 점포 안에서 이루어지는 통제 가능한 원인이라면 그것을 찾아 힘이 들더라도 대응 방법을 연구해 나갈 수 있는데 현실적으로 통제가 어렵다고 판단되는 외부의 요소들이라면 문제가 복잡하다. 예를 들자면 불경기나 경기침체, 고객 트렌드의 급격한 변화, 천재지변, 해당 상권의 침체 등이 그것이다. 그리고 응대가 가능한 외부적인 요소들(강력한 경쟁업체의 등장 등)이라 하더라도 통제가 불가능에 가깝다고 느껴지면 대부분 좌절하고 만다.

왜냐하면 전문지식도 없지만 그럴 엄두를 내지 못하기 때문이다.

이럴 경우는 일반적인 마케팅의 접근으로는 그 상황을 벗어나기 어렵고 극단적인 변화를 통하여 그 위기를 극복해야 한다. 그것은 혁신(이노베이션)이다.

보통 사업(장사)하시는 분들에게 혁신이라는 용어를 쓰면 "그것은 대기업이나 사용하는 방법이지 우리 같은 사람들에게는 그저 남의 나라 일이다."라고 미리 시도조차 하지 않는 경우가 많다. 그러나 용어만 그럴 뿐이지 소규모 사업을 하시는 분들도 얼마든지 결과를 낼 수가 있다는 것을 말씀드린다. 즉 혁신은 생각의 전환을 통해서 이루어지는 것이지 사업의 규모와는 상관없기 때문이다.

그리고 혁신은 기업(점포) 내의 모든 역량이 현재의 수준에서 각 파트별로 고르게 강화된다고 이루어지는 것이 아니다. 어느 파트가 되던지 하나의 부문이 기존의 그 역량의 한계를 넘어서 이루어지는 것이니만큼 생각이나 접근의 시도를 현재의 모든 상황을 무시하고 극단적으로 몰고 가는 것이 중요하다.

그러나 혁신은 조직의 리더나 조직 내의 구성원들이 이루기에는 많은 한계를 가지고 있다. 왜냐하면 그렇게 하기 위해서는 조직 안에서 기존에 해 왔던 모든 것들을 버리고 새롭게 시도를 해야 하는데 그것은 리더나 구성원들 스스로 자신들의 잘못을 시인하는 것과 다름이 없기 때문이다.

또한 전혀 새로운 생각이나 시도는 "생각이 겨우 그것밖에는 안 되는가 봐."라는 서로에 대한 핀잔이나 눈치로 돌아오기 쉽기 때문에 조직의 리더나 대표자라 하더라도 주저하고 망설이게 된다. 그

뿐 아니라 조직 범위 안에서 늘 일정한 생각과 행동에 익숙해져 있는 직원들에게 그 모든 것들을 깨고 새로운 생각의 틀을 만든다는 것은 결코 쉬운 일이 아니다.

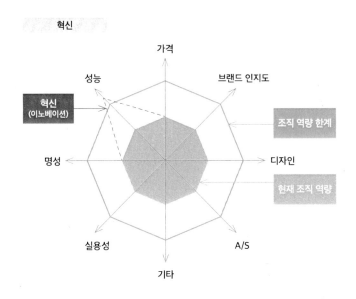

그러나 다시 말씀드리면 혁신에 대한 생각을 버려서는 안 된다. 왜냐하면 현재의 사업 환경은 사장님들의 의사와 상관없이 기업의 업종이나 업태, 아이템 그리고 외형의 크고 작음을 떠나 상당히 빠른 속도로 변화하고 있기 때문이다. 심지어는 아주 작은 상권의 조그마한 점포라 하더라도 변화를 요구받는 환경 속에 빠지고 있다.

예를 들어 할아버지 할머니 두 분이 편안하게 몇 십 년 잘 운영해 오던 동네의 구멍가게라 해도 그분들의 의지와 상관없이 바로 옆에 24시 편의점이 오픈하거나 대형 슈퍼마켓이 생겨 생각도 못하던 경쟁으로 내몰릴 수가 있기 때문이다. 그러므로 창업 후 사업을 진행하면서 언제라도 늘 혁신이 필요한 급박한 상황 속으로 들어갈 수 있다는 생각을 버리면 안 된다는 것을 말씀드린다.

혁신을 진행하기 위해서는 앞에서 알아보았듯이 먼저 조사를 통하여 사업장에서의 매출부진이 내부적인 원인이냐 외부적인 영향으로 인한 원인이냐에 따라 혁신의 방향을 정한 후 접근을 시도하는 것이 순서이다. 그리고 내부적인 문제와 달리 사업장 외부에서 발생되는 문제는 대응이 비교적 가능한 부분과 대응이 어려운 부분으로 나누어 대응이 가능한 부분에 대해서는 마케팅의 혁신으로 접근하는 것이 바람직하다고 할 수 있는데 이에 대하여는 서술할 내용들이 워낙 방대하기 때문에 이 부분은 차제에 기회가 되면 별도로 작성하는 것으로 하고 내부적인 문제 해결의 혁신의 예만을 알아보자.

1.
가격 혁신은 위기의 돌파구가
될 수도 있다

　이번 항목에서는 필자가 의류 사업의 초기에 있었던 사례를
한 가지 소개하고자 한다. 직장생활을 마치고 사업을 해야겠다는
마음을 먹고 사표를 던지고 나오기는 하였으나 사실 막막했다. 머
릿속으로 그렸던 그림은 첫걸음부터 삐걱거렸고 무엇보다 돈 없이
할 수 있다는 생각은 거의 착각에 가까운 현실이 되어버리고 말았
다. 그러나 그냥 처음부터 주저앉아 있을 수 없어 병원 몇 곳과 대
기업을 찾아다니며 할 수 있는 곳에서부터 영업을 시작하여 사내
판매를 이벤트 형태로 진행했다. 준비할 수 있는 상품이 한계가 있
어 몇몇 협조가 가능한 브랜드의 지원을 받아 위탁형태로 판매를
시작했다.

　그러나 다행히 협조 받은 상품이 좋아 약 20일 동안 삼천만 원
의 매출을 올리게 되었다. 그리고 행사 정리 후 이익금을 정산해보
니 경비를 제외하고 약 10%인 삼백만 원가량이 남았다. 당시 직장

생활에서 받던 월급의 5배를 번 것이니 첫 번째 기획행사의 사업치
고는 아주 실패라 할 수는 없었다. 그런데 사람의 욕심이 끝이 없
어 마음속에서는 "팔았던 물건이 만약 내 물건이었으면…" 하는 생
각이 올라왔다. 사업하는 사람의 입장에서는 당연한 생각이었다.

그런 생각이 마음속에서 떠나지 않던 며칠 후 아주 가까이 지내
던 거래처로부터 가을 겨울 상품을 정리하는데 기왕이면 내게 주
었으면 한다고 연락이 왔다. 당시 필자는 그렇게 물건을 산다는 것
이 무엇인지 전혀 모르는 왕초보였다. 그것이 소위 말하는 덤핑으
로의 '사입'인 것이다. 즉 제조 메이커들이 생산해서 판매를 하다가
남은 상품을 일괄 판매하는 것으로 고도의 판매 테크닉이 있어야
하는 것이다. 왜냐하면 우선 시즌 후 판매를 해야 하는 것이고, 판
매하다 남는 상품이니 '사이즈'가 빠져 있어 그 '사이즈'를 소화할
수 있는 별도의 마케팅을 전개할 수 있는 뛰어난 판매 능력이 있어
야 했다.

우여곡절 끝에 싸게 준다는 가격에 몇 백 원을 더 깎은 후 주위
분들의 도움으로 급히 돈을 마련하여 물건을 구입했다. 구입 후에
쌓아 놓고 보니 옷 4천 벌이 그렇게 많은 줄 미처 몰랐다. 나중에
는 그보다 훨씬 많은 물량을 움직여 그 정도는 얼마 안 되는 수량
이란 것을 알았지만, 당시에는 두 명이 창고로 옮기는 것만으로도
엄청나게 힘이 들었다. 상품을 정리 후 의류 판매상들에게 위탁 형
태로 상품을 주어 판매를 시작했다.

그 당시 필자는 나름 판매에 확신을 가지고 있었다. 당시에 가져
온 상품은 가을 겨울 상품이었는데 겨울 상품은 차지해 두더라도

가을 상품은 충분히 3월 안에 판매를 해 필요한 자금을 만들 수 있다고 자신했다. 왜냐하면 의류는 봄 상품은 가을에 안 팔리지만 가을 상품은 봄에 특히 초봄에 잘 팔리기 때문이다.

처음에는 계획대로 필요한 판매계획을 세워 진행했는데, 문제는 '사이즈'가 빠진다는 것이었다. 특히 꼭 필요한 가을 상품에서는 판매를 할 수 없을 정도였다. 아니나 다를까 나갔던 상품들이 속속 반품이 돼 돌아오는 것이었다. 심각했다. 그때 빌려온 돈은 어떤 경우에도 3월 말까지 돌려주어야 하는 돈이었다. 아무리 궁리를 해도 대책이 없었다. 더군다나 그해 따라 날씨가 급격히 풀려 덥다고 느끼기까지 했다. 며칠 밤을 거의 뜬눈으로 새웠다. 머리를 감싸고 끙끙대다가 매대 위에서 균일가 판매를 하던 생각이 떠올랐다. 매대라는 조그만 자리에 균일가 상품을 모아서 팔면 고객들이 모이니 가지고 있는 상품을 균일가로 팔면 웬만한 상품들은 처리할 수 있을 것 같았다. 요즘 말로 '마음을 비웠다.' 서둘러 오피스타운이 밀집한 지역 중에서 판매가 가능한 점포를 마련했다. 10평 남짓한 장소로 크기는 작았으나 그것을 따질 시간이 없었다. 상품은 만 원 균일가로 팔았다. 상품 중에 여우털 트리밍(카라에 여우털을 부착해 목을 감싸 따스함과 패션성을 부각하는 고급제품)롱코트가 6벌이 있는 등 겨울제품 중에는 고가의 상품이 많았다. 필요한 기본 광고만 했으나 첫날부터 사람들이 몰려 왔다. 그리고는 둘째 날부터는 너무 많은 고객들이 몰려와 문을 잠그면서 영업을 하기에 이르렀다. 즉 어느 정도 고객이 들어오면 문을 잠그고 판매가 이루어진 후에는 계산 뒤 내보내고 줄 서 있던 고객들을 매장으로 들어오게 하고 문을 닫는 방법이었다.

당시까지는 우리나라의 의류 점포에서 하나의 가격으로 균일가 판매를 했던 점포가 없었다. 즉 여우털 트리밍 롱코트에서 블라우스까지 하나의 가격대로 팔던 점포는 없었다. 의류의 특성상 그렇게 팔아서는 안 되고 그렇게 팔 이유도 없다. 그러나 필자는 워낙 절박했기 때문에 그런 결정을 내릴 수밖에 없었다.

판매는 불이 붙었다. 당초에는 많이 판매가 되면 전체의 3/4 정도이리라 생각했는데, 금요일 오후가 되니 짝 맞지 않는 스커트와 바지 몇 벌 등 행거로 딱 하나가 남았다. 거의 4천 벌이 되는 옷을 5일 만에 소매로 완전 판매를 한 것이었다. 아주 간단한 가격의 혁신이었으나 그 혁신의 결과는 충분히 만족스러운 결과를 만들었다. 그렇게 처음 구입한 상품을 다 처리한 후 필자는 목돈을 손에 쥐고 본격적으로 사업을 다시 시작하게 되었다.

혁신은 절실함에 따른 생각의 변화에서부터 시작 된다. 그리고 그것을 완성해 나가는 것은 의심하지 않고 결정을 믿고 행하는 것이다.

2.
달라도 뭔가 다른
되는 집 벤치마킹으로 혁신하라

    운영의 혁신에 관해서 경남 김해시 D시장 안의 O정육점의 사례를 소개해 보고자 한다. O정육점은 처음에는 남편인 S사장님이 점포를 인수하여 약 20년간 운영했다. 그 기간 O정육점은 보통의 정육점과 다름없이 그냥 시장에 오는 고객들을 상대로 원하는 고기를 원하는 양만큼 판매했다. S사장님은 성품이 부드러워 오시는 고객들에게 친절했고 고기도 맛있다고 소문이 나면서 O정육점은 시장 내에서도 장사가 잘되는 점포로 자리를 잡았었다.

    그러나 주변에 대형 유통센터가 들어오면서 매출이 급격히 줄어들기 시작했다. 처음에는 줄어드는 정도를 인식하지 못했으나, 야금야금 줄던 매출이 어느 날부터인가 큰 폭으로 하락하는 날이 많아지며 손을 쓸 수 없는 지경에 이르게 되었다. 그때 남편의 고민을 옆에서 지켜보던 부인 K씨는 "대형 마트가 생겨 매출에 타격을 받은 것이 확실하다면 그 차이가 무엇일까?"라는 생각을 가지며 대형마트의 정육점을 찾아가 그들과 다른 점을 알아보았다.

처음에는 다 비슷한 것만 같아 눈에 들어오는 것이 없었다. 그러나 시간을 가지고 자세히 보니 다른 것이 한두 가지가 아니었다. 거의 모든 부분에서 차이가 났다. 기록해 보니 먼저 점포의 인테리어에서부터 큰 차이가 났다. 천장의 조명에서부터 시작해서 바닥의 재질, 청소 상태, 냉장고, 고기 진열대, 벽면 수납장, 카운터 및 주변의 정리 등 모든 면에서 너무도 달랐다. 아울러 고기도 기다리지 않고 사갈 수 있도록 소포장으로 미리미리 다 준비가 되어 있었다. 부인 K씨는 "나라도 여기로 오지 우리 가게로는 가지 않겠다."는 생각을 했다.

K씨는 남편에게 자신이 보고 느낀 모든 것들에 대해 말하고 "아무리 돈이 들어도 바꾸자. 지금 바꾸지 못하면 점포는 살아나지 못한다."고 설득했다. 그러나 K씨가 느꼈다고 남편도 그대로 느낄 수는 없는 것이었다. 특히 전부 바꾸려고 보니 너무 큰돈이 들어가는 것이었다. 그리고 아무리 생각을 해도 그렇게 돈을 들여 바꾼다고 해도 장사가 잘된다는 확신이 들지 않았다. S사장님은 끝까지 바꾸는 것에 동의하지 못하고 결국 "그렇게 자신이 있으면 당신이 책임지고 해보라."며 점포 운영에서 발을 빼게 되었다.

그렇게 해서 부인 K씨는 계획대로 점포의 인테리어, 냉장고, 진열대 등의 모든 것의 교체를 준비했다. 그녀는 넉넉지 못한 자금 사정으로 인해 몸은 고달파도 최소비용으로 할 수 있는 모든 방법을 다 동원해서 진행했다.

애를 쓴 보람이 있어 점포의 모든 부분을 바꾸고 나니 고객들도 다시 찾아와 주었다. 당연히 매출도 많이 늘었다. 성공적인 혁신에 따른 변화였다. 주변의 다른 점포 사장님들도 그녀의 그런 결단력을 부러워하며 칭찬했다.

한편으로 K씨는 점포가 좋아지기는 했으나 시장에서 나 홀로 변화에는 한계가 있다는 생각으로 주변의 사장님들에게 "바꿔 보니 장사가 잘되더라. 그러니 사장님들도 바꾸어서 함께 잘 되어 보자."라고 설득하기에 이르렀다. 처음에는 망설이던 주변 사람들도 한 집 두 집 바꾸면서 결국에는 시장 내 대부분의 점포들이 현대식으로 바꾸게 되어 D시장 전체가 대형마트의 고객들을 끌어들이며 경쟁하는 수준에 이르게 되었다.

앞의 사례에서 보았듯이 혁신은 현실의 어려움을 극복하고자 간절히 바라는 상황 속에서 이루어지는데 상품과 관련된 혁신은 가장 기본적인 접근 방법의 혁신이고 다음으로 마케팅 혁신, 운영의 혁신의 순서로 가는데 뒤로 갈수록 혁신에 더 많은 어려움이 따른다. 그러나 근본적으로 혁신은 기존의 것을 깨트리는 데 있으므로 사고의 틀을 무너트리는 훈련이 꼭 필요하다고 할 수 있다. 그리고 사업 환경의 변화는 언제든지 발생할 수 있는 것이므로 늘 대비하는 자세가 중요하다고 할 수 있다.

제10장

36계도 전략이다
폐업도 영업 전략이다

중국 손자병법의 36번째 계명은 '도망가라.'이다. 무엇을 해도 안 되고 방법이 없을 경우 게임을 포기해야 한다. 최소한으로 잃어주고 져야 한다. 그것도 전략이다.

다 잃고 빈털터리가 되지 않고 호주머니에 돈이 남아 있다고 하더라도 경우에 따라서는 손을 털고 일어나 집에 가야 한다. 어떤 종류의 게임이든지 유달리 안 되는 날이 있다. 아무리 잘하는 선수라 하더라도 뒤로 자빠지는데도 코가 깨지는 날이 있다.

마찬가지이다. 창업하는 사람마다 다 돈 벌면 누구나 창업할 것이다. 그러나 현실은 그렇지 않은 경우가 너무 많다. 정말 준비도 잘하고 최선을 다했지만 어쩔 수 없어 폐업을 해야 하는 경우가 있다. 그럴 때일수록 그냥 모든 것을 자포자기하며 다 내 던지지 말고 작전을 잘 짜 철수를 해야 한다.

폐업도 영업 전략이 필요하다. 폐업과 개업을 비교하자면 개업

때 들어갔던 모든 역량의 최소 50% 이상이 소요가 된다. 그리고 힘들고 포기하고 싶어도 그렇게 해야 한다. 그렇게 전략을 잘 짜 폐업을 해야지 그렇지 않으면 한 번의 사업 실패가 다시는 재기를 할 수 없는 상태로 연결될 수가 있으며 그로 인해 개인이나 가족의 말할 수 없는 고통으로 연결될 수 있다.

폐업에는 무엇보다도 할 수 있는 한 금전적인 피해를 최소화해야 한다. 그러기 때문에 그런 폐업 전략은 꼭 필요하다.

그럼 폐업의 전략을 하나하나 점검해 보도록 하자.

1) 한 박자 빠른 타이밍이 절대적이다.

사업을 해보면 누구나 마찬가지 심정이다. "말 타면 경마 잡히고 싶다."고 사람들의 욕망은 끝이 없다. 매출은 줄어들고 장사의 모든 여건은 최악으로 치닫는데 그래도 조금씩의 돈이 들어오니 자꾸 주저하며 결정을 늦추게 된다.

사업을 일반 사무실에서 하다 폐업을 하는 경우는 다르다. 최대한 하고 싶을 때까지 하다가 필요한 시점에 정리를 하면 된다. 그러나 점포를 가지고 사업을 하는 경우는 얘기가 전혀 다르다. 점포를 가지고 사업을 하다 보면 매출이 줄어들어도 야금야금 현금이 들어오니까 최대한 챙긴다고 어쩔 수 없을 때까지 버티고 버티다가 완전히 망가진 다음에 문을 닫는 경우가 많다. 참으로 안타까운 최악의 선택이다.

창업했을 때를 생각해 보라. 많은 입지를 발이 부르트게 보러 다녔고 적지 않은 권리금을 주었고 또 많은 돈 들여 인테리어를 했고 집기를 샀다. 그리고 업종에 따라서는 적지 않은 금액의 상품도 매장에 잠겨 있다. 그런데 아무런 대책 없이 문을 닫아야 하겠는가. 그렇게 해서는 절대 안 된다. 작전을 짜서 철수해야 한다.

그러므로 창업 때 각각의 항목별로 들어갔던 자금들을 머리에 되새기며 어느 타이밍에 정리를 해야 최대한 건질 수 있는지 판단해야 한다.

첫째, 권리금이다. 권리금은 점포가 영업 중일 때 받을 수 있다. 망가져 문을 닫아 놓으면 영업 중일 때 받을 수 있는 금액보다 훨씬 적게 받을 수밖에 없다. 그리고 집세가 밀리게 되면 몇 푼이라도 받은 권리금이 집세로 다 없어지는 일도 얼마든지 있다. 이런 이유로 인해서 앞에서 매장을 구할 때 소규모 상권이라 하더라도 반드시 상권의 중심에 점포를 구해야 한다고 말씀을 드린 것이다. 상권의 중심에 있으면 아무리 장사가 안 되어 망가진다고 하여도 문을 닫아 놓을 염려는 없다. 그저 웬만하면 장사 중에 점포를 처분할 수 있다.

둘째, 인테리어의 부분이다. 인테리어는 장사하는 아이템의 영업이 잘되게 하기 위하여 고객들의 눈높이에 맞추어 놓은 것이므로 만약 업종이 바뀐다면 앞에서 해놓은 인테리어가 아무리 고급이라 하더라도 전혀 의미가 없다. 그러므로 인테리어로 들어간 비용을 회수하고 싶으면 동일 업종으로 다시 장사를 시작하는 사람을 찾으면 되는 것이다. 그것은 쉽게 말해 지금 사장님이 하던 그 업종을 그대로 인수해서 장사하시고자 하는 분을 만나면 되는 것이다. 물론 쉽지는 않다. 그러나 어떤 다른 업종을 하겠다고 결정을 하신 분이라 하더라도 매장에서 장사가 잘되고 있는 것처럼 보이면 흔들리게 되는 법이다. 그런 면에서 매장의 고객들이 있을 때 이른 타이밍에 폐업을 하도록 전략을 구사하는 것이다. 그리고 최근에는 체인 사업을 하시는 체인 본부에서도 동일한 업종이라면 앞의 인테리어를 그냥 사용하길 권하는 체인 본부도 있다.

셋째, 집기 부분이다. 집기 역시 인테리어의 연장으로 보면 된다. 그대로 사용이 가능할 수 있는 여건을 만드는 것이 가장 좋다. 그렇지 않으면 중고로 팔 경우 거의 값을 받지 못한다고 보면 된다. 조금이라도 나은 조건으로 판매하길 원하면 중고 집기를 전문으로 취급하는 업소를 찾아 일 대 일로 판매를 하면 조금이라도 도움이 된다.

2) 어깨에서 팔아라.

점포를 정리할 때 팔고자 하는 가격대에서 거래가 이루어지기가 매우 어렵다. 그 이유는 우리나라 사람들이 협상에 익숙하지 못하기도 하지만 무엇보다 머리끝에서 팔고자 하는 생각 때문이다. "어깨에서 팔아라."라는 주식의 격언이 이런 거래에 딱 들어맞는다. 필자는 매장에 관한 거래를 참 많이 해 봤다. 점포를 구입할 때는 내가 원하는 가격대에서 거래가 많이 이루어졌으나 정리할 때는 대부분 원하는 가격대 보다 낮은 가격대에서 많이 거래를 했었다.

그리고 이렇게 편안하게 마음을 먹다 보면 생각했던 가격과 비슷하게 거래가 되는 경우도 있고 경우에 따라서는 더 받는 경우가 생기기도 한다. 그러니 마음을 비우면서 정리를 한다는 것을 잊지 마시기 바란다.

3) 최대한 비밀을 지킨다.

점포를 정리할 때 가장 중요한 사항 중 하나로 최대한 비밀을 지키는 것이 중요하다. 그것은 여러 가지 원인이 있겠으나 무엇보다 알려지는 만큼 값을 받기가 어렵고 직원들의 동요 또한 무시할 수가 없기 때문이다. 그러나 그렇다고 100% 비밀을 지키기는 정말 어렵다. 다만 그런 방향으로 나가라는 것이다.

먼저 부동산에 내놓을 때는 구입할 때와 역순으로 1~2곳의 믿을 만한 부동산에만 내놓아 여기저기 알려지는 것을 막아야 한다. 점포는 나돌아 다니면 그릇처럼 깨지기 딱 좋다. 여기저기 광고하는 것은 좋지가 않다. 그리고 중심가의 상가 전문 부동산과의 거래는 '일장 일단'이 있으므로 주의해야 한다. 만약 그분들과 거래를 하고 싶으면 신뢰할 수 있는 분을 만나는 것이 우선(만약 아시는 분이 없으면 믿을 만한 주변 사람의 추천이 있어야 한다)이고 거래 수수료도 넉넉히 지급할 생각을 해야 한다. 또한 그 금액은 사전에 정확히 명시하여야 나중에 뒷말이 없다. 그리고 꼭 주의해야 할 것은 수수료를 많이 지급하더라도 반드시 판매가를 점포 사장님께서 결정하셔야지 '입금가 얼마'와 같은 형태의 거래는 지양하셔야 한다. 만약 그렇게 '입금가 얼마'와 같은 거래가 "빨리 팔릴 수 있습니다."라고 말하는 부동산이 있으면 그 집과의 거래는 피하는 것이 좋다.

4) 할 수 있는 모든 역량을 총동원하여 매출을 올린다.

매장을 정리할 때 거의 '고전'처럼 사용하는 방법이다. 누구나 다 아는 작전인데 그 시행 방법에서 차이가 난다. 제목에서 언급했듯이 총동원하는 것이지 적당히 해서는 안 된다. 오픈 이벤트 행사를 하듯이 점포의 모든 고정 고객을 다 활용하고 광고도 지역광고, 인터넷 광고, 모바일 광고, 전단 광고 등 할 수 있는 역량을 총동원한다. 이벤트 기간을 보통 1달을 하고 그 기간 중에 거래가 되도록 최선을 다하고 안 되면 약간의 여유 기간을 두었다가 다시 진행하면 된다.

대부분의 장사를 하시는 분들은 점포를 정리하는 방법을 잘 몰라 이와 같은 방법을 하자고 하면 먼저 의혹의 눈초리를 보내시는 분들이 계신다. 그러나 믿음을 가지고 진행하시면 반드시 좋은 마무리가 가능하다.

오히려 그 반대의 경우도 발생한다. 몇 해 전 장사가 안 된다고 매장을 팔아달라는 분이 계셔서 폐업의 전략으로 대대적인 이벤트 행사를 진행했는데 매출이 생각보다 많이 오르면서 사장님은 폐업을 포기하시고 다시 장사를 하신 일이 있었다. 필자에게는 머쓱했는지 마주치는 것을 피했다. 그와 같은 경우는 평소 영업을 잘 못하시다가 그만둘 즈음해서 장사의 참맛을 보신 경우라 하겠다.

가장 적은 피해를 입고 사업에서 철수하는 팁

1. 한 박자 빠른 타이밍에 점포를 정리하는 것이 절대적이다.

2. 눈높이를 낮추어 점포를 정리해야 한다는 것을 잊지 마라.

3. 최대한 비밀을 지켜 필요 이상의 동요를 막는다.

4. 할 수 있는 모든 역량을 총동원하여 매출을 올린 후 정리한다.

참고 서적

마케팅원론(안광호 외 2인 저, 2010. 8. 학현사)

유통학개론(김웅진 외 2인 저, 2009. 8. 두남사)

글로벌 소매업태 전략(이광종 저, 2011. 6. 에이드북)

성공창업 상권 분석(전준우 저, 2010. 3. 매일경제신문사)

글로벌 협상 전략(안세영 저, 2013. 2. 박영사)

실전 창업(이강원 저, 2002. 11. 더난출판)

2015 한국경제 예측(노무라종합연구소 저, 2015. 1. 청림출판)

리더의 본질(로저로우 외 2인 저, 2011. 3. 비즈니스맵)

유통실무 기본 상식(오세조 외 1인 저, 2014. 1. 중앙경제평론사)

광고 크리에이티브 전략(조지팰튼 저, 1999. 2. 책과길)

일본 드럭스토어 탐험(변혜옥 저, 2010. 12. 시공사)

인구 충격의 미래 한국(전영수 저, 2014. 12. 프롬북스)

도매시장 완벽 분석(모영일 외 1인 저, 2014. 1. 엠씨북)

삼성경제연구소 자료

LG경제연구원 자료

현대경제연구원 자료

통계청 자료

저자 약력

박상욱

관악고등학교 1회 졸업(1977)

단국대학교 경영학과 졸업(1982, 교원자격증 -2급 정교사, 상업)

장교(ROTC 20기) 군복무(1982~1984.6)

삼성그룹 입사(공채 25기) 후 신세계백화점 발령

1. 신세계백화점(1984.7 -1988.12)

   본점 내셔널브랜드 매장 판매담당, 3호점 여성의류 총괄 바이어(BUYER)

   * 매장MD, 매입, 판매 총괄책임

   백화점 매입본부 직매입 여성 경의류 바이어

2. 한서물산(HSC)(1989-1997)

   의류 잡화 유통 마케팅, 쇼핑센터MD 및 전문점컨설팅, 인테리어자문 및 시행

   * 의류 잡화 유통 마케팅(본사 직매장, 백화점, 전문할인점 로드사이드 숍 직영 및 대행)

   * 쇼핑센터 및 전문점 컨설팅(한신코아 뉴코아마트MD참여, 중형슈퍼 및 전문점 MD)

   * 인테리어설계(자문) 및 시행(ITEM에 맞는 컨셉 설정, 중저가 가격에 인테리어 시행)

3. 영화 수입 배급 (1997-1998)

* 깐느 영화제 참여

* 코드네임 K 수입(프랑스 스릴러물, 배급 -미라신 코리아를 통해 배급)

4. 피자 전문점 운영(1999-2012)

* 피자퀸 직영점 및 대리점 운영

  서대문 직영점 및 대리점(은평점, 마포점, 서초점, 잠실점)운영

5. 중국 쇼핑센터 MD구성 및 마케팅 컨설팅(2002-2003)

* 훙푸궈지따샤(중국 대련 소재 건설회사, 당시 중국건설 도급순위 68위)

* 훙푸궈지따샤 쇼핑센터(30층, 25,000평방미터매장 임대 분양, 위치: 대련시 구 기차역 앞)

6. 북경연세투자유한공사 운영(2006-2012)

* 북경시 종합 컨설팅회사 운영

  건축설계컨설팅(건축자재, 쇼핑센터 및 중소형 전문점 인테리어 포함)

  영업 마케팅 전문 (부진매장활성화, 영업컨설팅)

  매장구입, 재계약, 상권분석 및 투자 컨설팅

7. 에바다 수산물 주식회사 운영(2008-2010)

백화점 및 쇼핑센터에 활어 및 냉동식품 납품

8. (주)루츠알레 컨설팅 그룹 유통컨설팅 본부장(2012~)

법무컨설팅 및 M&A, 유통컨설팅

9. (주)폴엠컨설팅 대표이사(2015~)

창업 교육, 코칭, 컨설팅, 시장조사, 상권조사

※ 기타 경력

1. 컨설팅, 조사, 교육
   1) 홍푸궈지따샤 쇼핑센터 마케팅팀 컨설팅
      - 조직운영 구성, 영업마케팅
   2) (주)세움넷 컨설팅과 상권조사 및 입지선정 및 영업 조직 구성 마케팅
   3) (주)린컴퍼니(여성의류)의 유통업진출(신업태) 컨설팅
   4) 상권정보시스템 상가업소 기초DB 정확도 수준 조사
      - 소상공인시장진흥공단
   5) 창조관광생태계 3.0 무한상상 창조곳간 구축 연구
      - 한국관광공사
   6) 상권정보시스템 상가업소 기초DB 정확도 수준 조사
      - 소상공인시장진흥공단
   7) 소상공인 마케팅 플랫폼 구축을 위한 실태조사
   8) 동그라미재단 LCP 프로젝트 교육 사업 위탁 운영
   9) 워싱턴 센터 협상 프로그램 전문가 과정 이수(RAC2013100400007)

2. 강의
   1) 명지대학교 외식유통전문가 마케팅 과정 강의
      - 경영혁신 및 그 사례
      - 상권분석 방법, 영업의 활성화
   2) 창업 마케팅 전문가 과정 강의(중기청 산하 소상공인 지원센터)
      - 상권분석 및 좋은 매장 구하기
      - 영업 활성화 전략, 신규 브랜드 출점전략
   3) 금오공대 컨설턴트 창업자 과정 강의
      - 우리나라 유통업의 변화와 미래

4) 안양대학교 창업전문가 과정 강의

 - 부진 매장의 영업 활성화 마케팅 기법

 - 사업 신규 아이템 선정

5) 광운대학교 경영대학원 마케팅 전문가 과정 강의

 - 협상과 설득, 회의 진행법

6) 부산경제진흥원 창업비즈니스센터 창업과정 강의

 - 전략적 비즈니스 협상 스킬 강의

7) 서울산업통상진흥원 자문위원

8) 부천대 모바일 앱(모바일 커머스) 시니어 창업과정(창진원 주관) 담임 역임

3. 출판, 사회봉사, 표창

  * (사) 남산청년회의소 부회장

  * (사) 전국소상공업도우미협회 서울회장 역임

  * (사) 지식정보진흥협회 서울지부장

  * 우수소상공인 표창 -중소기업청장(2007, 제4691호)

  * 『어디에서도 가르쳐 주지 않는 창업의 비밀 26』(2010년 4월 원앤원북스)